U0722188

"丝路万里行"丛书
——编委会——

主　　任　王福豹

主　　编　耿振豪

编　　委　张　超

　　　　　丰子恒

　　　　　胡瑜涛

　　　　　谷跃丽

　　　　　张　楠

　　　　　廖晓勇

　　　　　周建森

执行主编　杨文萌

国家新闻出版广电总局"丝绸之路影视桥工程"

丝路万里行之重走玄奘之路

SILK ROAD TRAVELOGUE:
THE SILK ROAD EXPERIENCE

丝路云谭

肖云儒 / 著

江西教育出版社
JIANGXI EDUCATION PUBLISHING HOUSE

图书在版编目（ＣＩＰ）数据

丝路云谭 / 肖云儒著. -- 南昌：江西教育出版社，
2017.4（2017.9 重印）
（丝路万里行之重走玄奘之路）
ISBN 978-7-5392-9326-4

Ⅰ. ①丝… Ⅱ. ①肖… Ⅲ. ①文化史－世界②文化交
流－中外关系 Ⅳ. ①K103②G125

中国版本图书馆 CIP 数据核字(2017)第 055505 号

丝路万里行之重走玄奘之路

丝路云谭

SILU WANLIXING ZHI CHONGZOU XUANZANG ZHILU

SILU YUNTAN

肖云儒　著

江西教育出版社出版

(南昌市抚河北路 291 号　　邮编：330008)
各地新华书店经销
浙江海虹彩色印务有限公司印刷
720 毫米×1000 毫米　　16 开本　　16 印张　　字数 200 千
2017 年 6 月第 1 版　　2017 年 9 月第 5 次印刷
ISBN 978-7-5392-9326-4
定价：**68.00 元**

赣教版图书如有印装质量问题，请向我社调换　电话：0791-86710427
投稿邮箱：JXJYCBS@163.com　　　　电话：0791-86705643
网址：http://www.jxeph.com

赣版权登字-02-2017-45

版权所有　侵权必究

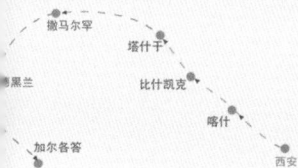

撒马尔罕
塔什干
德黑兰
比什凯克
喀什
加尔各答
西安

001

丝路云谭 ▶▷

〇丝路万里行之

　　重走玄奘之路……

中国与世界的拥抱

"丝路精神"及其中国文化底蕴

我 30 年前开始研究中国西部文化，所谓中国西部，其实就是丝绸之路经济带的中国段。几十年中我跑遍了中国西部的丝路，也多次去土耳其、希腊、意大利、俄罗斯、荷兰等欧洲丝路段。2014 年夏天，又参加新华社、中国国际广播电台、光明日报、凤凰卫视等中国多家媒体团组织的"丝绸之路万里行·追寻张骞之路"活动，坐记者们自驾的汽车，60 天连续跑了 15000 公里，经八个国家由西安到达意大利罗马。2016 年秋天，再度参与丝路卫视联盟陕西、甘肃、青海、宁夏四家卫视组织陕西卫视承办的"丝绸之路万里行·重走玄奘之路"活动，再一次坐记者们自驾的汽车，70 天连续跑了 18000 公里，经七个国家由西安到达印度加尔各答。这两趟西行共达六万里，跨越亚欧两大洲，途经了我从未到过的中亚、中东各国，勉可算是大致走完了丝绸之路沿线的一些主要国家。

2014 年走张骞之路，路上每日发一文，每篇文章 1500 字上下，在报纸杂志连载，回来后共得 65 篇，结集为《丝路云履》一书出版；2016 年走玄奘之路，路上两三天写一文，每文两三千字，在多家报刊杂志连载，回来后共得 40 余篇，结集为《丝路云谭》一书出版。此乃此书写作之缘起。起《丝路云谭》这个书名，不仅是为了与上次的《丝路云履》在书名上匹配，形成系列，也不仅是为了暗示我名字中的那个"云"字——主要是因了这两次丝路行有好几家新媒体参与，而回来之后，又蒙陕西卫视不弃，专门为我打造了网络视频专栏《丝路云谭》，每周五次连续录播，讲述丝路见闻和体验，"云履""云谭"者，乃云数字也，云时代也，云端也。此为本书写作之缘起。

　　丝绸之路是沿途各国人民由于商贸和文化交流的需要，自古以来分时、分段开辟的。从中国来看，公元前 300 年至公元前 500 年就有人在这条路上活动。最早的记载是西周周穆王的西行，他一直跑到了中亚一个叫禺知的地方（大约在今天的阿富汗一带）。那以后，四川等地有人到达中东，陕西等地有人到了中亚进行布匹、马匹交易。秦末徐福东渡朝鲜半岛、日本群岛，首开东北亚海上丝路。西汉武帝时，国家正式派遣使臣张骞两次出使西域，出发的地点就在当时的首都汉长安未央宫。东汉的班超更远行至安息（伊朗），他的部将甚至到了东罗马帝国版图中的土耳其。当时东罗马帝国首席执行官安东尼曾派人沿班超西行的路线回溯东行，直达东汉的首都雒阳（今河南省洛阳市）。

　　其后，晋代的法显和尚由阿富汗入天竺（印度）取经，又经狮子国（斯里兰卡）、印尼爪哇，从海路回到中国大陆，第一次走完了陆上、海上丝路。到了唐代，丝路各国的人大量来长安，大唐西市成为欧亚商贸一个标态性的集散地。唐代的玄奘去印度那烂陀寺取经，研习因明学、唯识宗，促进了佛教在中国的传播与生根开花。他回国后一直在陕西的大雁塔与玉华宫译经布道。再后来，便有了郑和下西洋，明代的国家船队远赴太平洋、印度洋，也有了马可·波罗和欧洲其他航海家的中国之行（也有人认为马可·波罗自己并没有来东方，只是根据各种资料、听闻记录整理，介绍了中国）。

丝路云谭 ▶▷

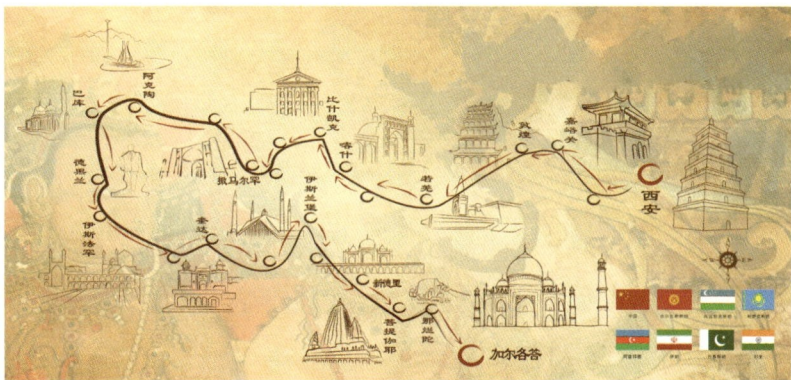

19世纪末，德国学者李希霍芬将这条路正式命名为"丝绸之路"，得到了世界的认可。这一切表明了丝路的国际性。它自古以来就是一条人类共创、共享的国际通道。

是的，也许没有一条路像丝路这样，影响着人类文明的发展。有了这条路，欧洲和亚洲由隔膜到融通。中国感知到了世界，世界也感知到了中国。张骞所在的汉朝，才成为世界认可的中国符号，汉人、汉语、汉文化才有了世界性的知名度。

有了这条通道，人类文明发展得最早最成熟的亚欧两大洲，得以联为一体，世界文明得以由隔离发展时代进入交流共进时代。这才有了德国学者雅斯贝尔斯在20世纪中叶总结的"轴心时代"文化现象。即在公元前500年前后，由西方的荷马和希腊三贤（苏格拉底、亚里士多德、柏拉图）中东的耶和华、印度次大陆的佛祖释迦牟尼和东方中国的先秦诸子（老子、孔子、孟子、墨子）等元典思想家构成的人类文化大突破的文化"轴心时代"。

有了这条路，欧洲的铁器、金属冶炼术才得以传播，它照亮了欧亚两大洲的历史进程；中国的造纸术、活字印刷术、指南针、火药以及丝绸、瓷器等等，也才得以传入欧洲，成为促成欧洲文艺复兴和资本主义社会诞生的重要因素。

而这条路稍稍受到阻隔，譬如在15至19世纪的奥斯曼帝国时期，由于宗教信仰不同，欧洲商人较少走这条路，又促成了航海家们从海路去寻找东方大陆，于是哥伦布等人意外地发现了美洲新大陆。从此海洋文明开始主宰世界。

中国领导人现在提出的"一带一路"战略构想，即丝绸之路经济带和二十一世纪海上丝绸之路，就是在古代海、陆丝路基础上的一种质的提升、新的创造。它将陆上文明带与海上文明带组合到一起，将文明交流与现代市场经济组合到一起，将一国一地的发展与全球化进程组合到一起，是构建人类命运共同体的一种大思路、大格局。

所以，我在跑完丝路重又回到长安后，从自己亲历的感受出发，将"一带一路"的基本精神提炼为两句话：一句是"走出去，谋发展"；一句是"拉起手，共发展"。

"走出去，谋发展"主要针对国内。陆上、海上丝绸之路，"路"就是为了行走，有路就要行走，就要走出去。"丝绸"则象征着和平的经济贸易和文化交流。张骞出使回国后，汉武帝封其为"博望侯"，并且那以后汉朝派出西行丝路的使者，一律封以"博望侯"。含义很明显，就是要提倡"博广瞻望"的心胸，提倡大视野、大格局。

中国经济目前是"一体两翼"的发展格局。抓"一体"，抓国内经济，核心的任务是抓国内经济发展方式的转型，抓内涵的改造和质量的升级。在原来重点建设长三角、珠三角、环渤海经济圈的基础上，着力打造长江经济带和京津冀经济圈。"两翼"，就是陆上和海上的"一带一路"。"一体"是"两翼"朝外走的基础和动力，"两翼"是"一体"起飞的翅膀。

"走出去，谋发展"，促进中国经济由内向朝外向转型，由产品经济朝投资经济、甚至金融经济提升；也促进中国西部的发展由传统的"大储备"阶段，20年来的"大开发"阶段，全面进入"大开放"阶段。我们这次丝路万里行活动，先后走访了中国援建或投资的希腊比雷埃夫斯港的集装箱码头、土耳其安卡拉至伊斯坦布尔的高铁、格鲁吉亚和中亚其他国家的能源、矿山和制造业，产能、

资金、人才、科技的合作已经蔚成大势，"走出去，谋发展"成效喜人。

"拉起手，共发展"主要针对国际。我们提出"一带一路"战略，既是中国的需求，也是从沿途各国的利益出发的。人类需要合作，世界需要共赢，我们就是想搭建一个平台，各民族各国邀请来共策、共建、共享、共赢，以达到世界和平、社会和谐、民生和惠、人心和宁。力图通过"一带一路"战略，建立中国与周边各国的命运共同体、中国与欧洲的命运共同体、中国与世界各国的多边命运共同体。不结盟，求结伴，不零和，求谐和。这是我们真诚的愿望。

在一个理性的、成熟的现代社会，要改变传统竞争中的零和思维，代之以谐和共赢的新思路。人类文明的优秀成果应该普惠到每个地域、每个民族，使所有人都具有切实的获得感。所以我们主张各国通过"一带一路"拉起手共发展。现在亚投行已有近60个国家参与，"一带一路"已经被近百个国家认可，证明这种共赢理念正在走向世界，正在成为人类的共识。

"一带一路"的精神理念、战略布局，是中国当代领导者对广大民众在经济社会发展中创造性实践的总结提升，同时也承继、弘扬了几千年来广大民众在历史实践中的有效经验，承继、弘扬了中华传统文化的优秀精神并升华为科学的、系统的顶层设计和国家战略。从这个意义上，完全可以将"一带一路"的战略视为我们全民族的创造。"一带一路"精神所蕴含的中国传统文化的各种精神理念，决定了它对人类文明贡献独有的民族性。

就我目前的认识，"一带一路"战略所承继、弘扬的民族精神，可以抓住三个主题词，从下面几方面入手去思考、开掘：

第一个主题词："和谐"——"一带一路"战略体现了中华民族"化干戈为玉帛"的和谐精神，在国与国，以及人与天、人与人、人与心内外各方面，追求珠圆玉润的境界。

中华民族自古以"和"立国，有"尊玉"传统。在德国李希霍芬命名丝绸之路之前，中国朝野一直把丝绸之路称为玉帛之路、玉石之路或骏马之路。

玉在中国自古以来一直是和平、和谐、和宁的符号，是孔子所言"和而不同"的君子精神的证物。新石器时代晚期，玉石神话和玉石崇拜在先民中十分盛行，在那个祭政合一的时代，渐次转化为拉动神权经济和神庙经济的文化动力。而在远古，神权和神庙经济又是整个社会经济发展的领头羊。因而，玉石崇拜也便成为推动经济社会发展的一个重要的力原。玉字传到西方，强调的则是它的物质含义，英语 cash（现金，现款）与突厥语 qash（玉）是同源词，这表明欧洲人心中，玉是与的财富联系得更近的。

华夏神话中有"以玉为兵"的文化记忆。周穆天子西行，是周代帝王一次跨地区跨民族的远游，也是一次探玉之行。他先北行至黄河河套地区，向当地邦主河宗赠送了玉璧，并沉玉入河以祭河神。河宗告诉他，西边的昆仑山丰产稀世美玉，穆天子于是远行昆仑，果然"载玉万只"。他给禺知的女王西王母送的就是昆仑黑白美玉和中原丝绸织品，二人相见甚欢，以致对酒当歌、乐而忘返。这是先祖与西域交往中以帛易玉、以玉行礼，互通有无、和平友好的一则美谈。

在古代，"玉帛相见"与"兵戎相见"是和平与战争的代词。秦穆公娶了晋国公主，育有子女，谓"秦晋之好"。后来秦晋交恶，秦穆公抓了她娘家晋国的同父异母兄弟，穆姬拉着儿女以自焚要挟秦穆公，说这是上天降下的灾难啊，秦晋两君不赠玉帛而兴兵戎！穆公闻之只好作罢。自此，玉帛相见就是罢兵戎、息争执而以礼相见的代词。玉可以兵不血刃换取城池。

玉洁冰清、珠圆玉润更是中国人内心世界和宁、和静的赞语。

帛，即丝绸，可作衣物，是物质商品，也是美化生活的饰物，是文化商品。有纸张之前乃至之后，直至今天，我们常常在丝帛上写字画画，"绢画""帛书"是最为珍贵的书画材料。而与"丝绸"

同一词根的"丝弦",在中国也转义为泛指音乐、乐队、乐器的词汇,也是一种文化艺术指称。所以,丝绸之路是人类最绵长最久远的和平的文明交流之路。

今天我们提倡的和谐文化,正是直接承继了这种传统的"玉帛精神"。我在一篇文章中曾写道,在北中国的大地上有两个夸父在由东向西行走,一个叫长城,一个叫丝路。长城是烽烟,是干戈,是兵戎相见;丝路是和平,是友好,是商贸和文化的互联互通。中国长城虽然烽烟迭起,但说到底只是一个防御体系,是为了阻挡南下骚扰的族群。不到万不得已、忍无可忍,我们很少寻衅出击,总是以和平为重,以防御性战争来制止干戈,争取友好。我在接受一位英国纪录片摄制者采访时谈到了这个观点,他恍有所悟,说他在某国拍片时,那里有人说长城是"懦夫的墙"。我纠正他,这不是懦夫之怯弱,应该读为和平之愿景。

第二个主题词:"联合"——"一带一路"战略体现了中国古代合纵连横的思维智慧,化对抗为联合而达到双赢的智慧。

将"一带一路"并提并举,我们几乎马上会联想到先秦时代"合纵连横"的智慧。苏秦的"合纵","合众弱以攻一强";张仪的"连横","事一强以攻众弱",曾经让战国七雄在历史舞台上演出了那

么威武雄壮的、勇毅智慧的、无比精彩的活剧。这些历史事件通过史家的纪实、民间的传说和历代文学、戏剧作品的传播，早已经家喻户晓，深入人心，几千年来营养着我们民族的政治思维和处世智慧，丰富着我们民族的文化心理和审美情趣。

亚欧古丝路横亘在400毫米等雨线上，是人类文明、人类经济文化活动发生、发育得最早最成熟的地区。公元前500年前后，从时间和空间两个维度上，这里就有了虚线式的东西方商贸联通。几乎同时，适应着社会生活的发展进步，在这条纬线上又诞生了一批元典思想家，出现了文化"轴心时代"。由气候、经济、文化三者天然形成的这条古丝路，是北半球胸脯上一条璀璨夺目的项链，人类文明最早的一个连横图式。这个连横图式构成了亚欧各国乃至古代世界历史社会发展的大纵深。古丝路让人类亲历了联系、联通、联合、联盟的必要，也亲身感到了其中蕴藏的巨大的发展潜力。

秦代徐福首开海上丝路，传播中华文明。直至今天，中华文明对东北亚的影响不但随处可见，至今在当地依然广受称道。明代郑和下西洋、下南洋，清代以后更有大批华工、华商、华侨由海路到达东南亚、印度洋和地中海沿岸，在欧洲和北非从事工商贸易活动。他们远渡太平洋，为独立战争之后美国的西部开发，尤其是西部铁路大干线的建设，立下了不可磨灭的功勋。无数先行者以自己的智慧、辛劳、血汗甚至生命，在海洋上构筑了一条以东海岛链为标志的、从东北亚到东南亚的各国合纵图式。这条海上丝路的合纵图式是与陆上丝路的连横图式双驾齐驱、双帆远航的经济社会发展图式。

无论合纵还是连横，实质都是发掘、发挥"联"和"合"的潜力。弱弱联合、强强联合、强弱联合可使强弱者变强、强者更强，这种古典智慧，已经由一种思维方法，积淀、蒸腾为世代相传的文化理念。

◎丝路万里行之
重走玄奘之路……

切不能忘的是，这种传承是在对抗与合作两个轨道上进行的。如果说战国时代属于一种对抗性的合纵连横，近代八国联军也是一种联合，那是侵略性联盟。2015 年是世界反法西斯战争胜利 70 周年，一战的协约国、同盟国，二战的轴心国、反法西斯同盟也是一种是对抗性的联合。我们提出"一带一路"则完全相反，是在合纵、连横双坐标上的和平合作。唯其如此，国家和世界的安全、安宁，发展、进步才可能双保险，地球才可能营造一个和平发展的良好环境。这是一种出自人类意识、全球意识的大格局、大智慧。

当然，要将这个良好的愿望转化为当今世界的现实，还需要漫长的过程，还会遭遇很多风险。仅拿"一带一路"的实施来说，我们在金融投资、实业建设和人才、科技合作中，就不能不注意政治安全、金融安全、法律安全、社会安全、科技安全，并且防范宗教信仰、民族习俗等文化差异造成的各种各样可能出现的风险。

第三个主题词："合抱"——"一带一路"战略还体现了中国古代合抱天下的太极理念，在变易中实现动态平衡的理念。

阴阳合抱的太极图以阴阳双鱼将世界一分为二，同时首尾合抱，合二为一，在不同中大同，在不同中大和。太乃极致，极为极限，太极有至于极限而无有相匹之意。南宋朱熹说"总天地万物之理，便是太极"，"总天地万物之理"也就是客观世界至高性、总体性的道理。

太极图式说，是庄子"太极思想"在儒、道两家结出的硕果。道家的太极图与外宇宙即乾坤同构；儒家的"中华神圣图"与内宇宙即心灵全息。太极思维是一种超越逻辑思维和形象思维之上的全息辩证思维，太与极两极之间包容无数层次和系统，却又浑然一体。太极图可以说是个全息图。

从前面的分析可以看出，"一带一路"战略便体现了这样一种总体性、全息性思维。它提倡在不断的运动和变易中认识并把握事物。我们如若将太极图稍稍作一点调整，一是双鱼由顺时针调整为逆时针方向，二是左右、东西方位调整为上下、南北方位，当下中国"一带一路"图式的雏形便以太极阴阳两仪的形态显现出来。

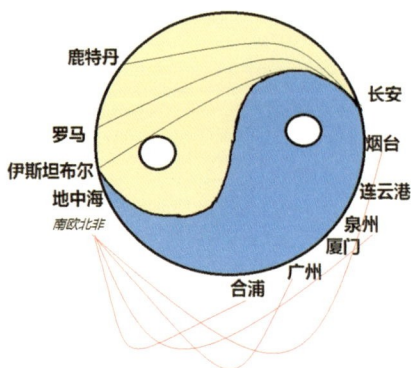

鹿特丹
罗马
伊斯坦布尔
地中海
南欧北非
合浦
广州
长安
烟台
连云港
泉州
厦门

"一带"——陆上丝路在北，是太极图中的阳鱼。东方亚洲的起点集中于黄河中游的长安至洛阳一线；西方欧洲的终点则撒播于北欧、中欧、南欧各国，如鹿特丹、罗马、威尼斯、雅典、伊斯坦布尔，形成辐射性的鱼形图像。"一路"——海上丝路在南，是太极图中的阴鱼。海上丝路，中国的出发点很多，成扇面在东方和南方沿海的丹东、烟台、青岛、上海、杭州、泉州、厦门、汕头、广州、合浦呈弧形展开。但航向相对集中，大都驶向中国南海，通过马六甲海峡，经印度洋入红海，贯连亚洲各国，如鱼尾收束，直指地中海沿岸的南欧、北非各国，在欧洲各大海港与陆上丝路连接。

这样便在空间上、气势上形成一种太极合抱之势。注意，合抱不是合围，而是要打破合围，让中国与世界在一个新的维度上和一个新的深度上，以和平、发展为主题，相互进入，联手共进。这是中国与世界的合抱。是中国与世界一次旷古罕有的，有实质又有温度的和平拥抱。

可以说，这便是我在多次行走中对丝路形成的一个宏观的、轮廓的体察与思考，也是我大致的"丝路观"。放在书前，权作代序。

2015年6月22日，于西安望湖阁

011

追寻张骞和玄奘的脚步

在第二次丝路万里行出发式上的讲话

．
．
．

让两个盛世在我们这一代遥相呼应，让两个盛世在历史的衔接中迸发耀眼的光彩。我们要像玄奘那样，朝着西部的地平线，朝着西行的目的地，走好脚下每一步路。

今天飘着一点小雨，正应了唐代诗人王维的诗句："渭城朝雨浥轻尘，客舍青青柳色新"。此刻，"丝绸之路万里行"的车队还没有启动，我们的心早已经上了路，向着西部、向着西部之西，飞向丝路、飞向中亚中东。这些天，我们每个人都处在临战前的亢奋激动之中。在2014年我参与"丝绸之路万里行·追寻张骞之旅"，沿着汉代张骞之路走西域，以60天的时间奔袭三万里，由长安到达罗马。这次"丝绸之路万里行·重走玄奘之路"活动，我们又将沿着唐代玄奘的取经之路去走西天，也将沿着现代丝路去走世界，将由西安到达伊朗、巴基斯坦、印度，到达玄奘研佛取经的那烂陀寺。

玄奘所处的盛唐和今天我们所处的时代，都是中国历史上千载难逢的盛世，都是中华民族生命力、创造力和精神状态最为奋发的时代，都是中国历史长歌中最为绚丽的华彩段落。有幸躬逢盛世，绝不辜负盛世，我们要发扬汉唐精神，为中华民族伟大复兴的壮丽事业添砖加瓦，让两个盛世在我们这一代遥相呼应，让两个盛世在历史的衔接中迸发耀眼的光彩。我们要像玄奘那样，朝着西部的地平线，朝着西行的目的地，走好脚下每一步路。

西安有非常浓郁的丝路气氛，最近尤甚。三四个相关"一带一路"的文化、经济国际高峰论坛在这里举行，"丝绸之路艺术节"的舞台展示了丝路沿线国内外艺术团体的几十台节目，"丝绸之路电影节"也马上开锣，上百部丝路各国的精彩电影将在西安展映。丝路各国的政府官员、企业家、艺术家和学者，群聚西安，俯下身子了解文化中国、经济中国，文化西安、经济西安。西安作为新丝路的新起点，真是名不虚传，过去，丝路曾是古代西安的一个符号，今天，丝路使现代西安气象一新，又成为现代西安的一个符号。许多人都有了一种感觉，那就是丝路可以使西安通向世界，也可以使世界来到西安。在这样的时候，我们去走丝路，真是饶有新意，饶有深意！

为了走好玄奘之路，我又专程去拜谒了西安的大雁塔、大慈恩寺，在佛陀和玄奘的气场中获得心力。大雁塔这个名字，就是玄奘当年将印度一座纪念大雁舍身成仁的"大雁塔"带回中国，用于长安的。而大慈恩寺则是玄奘回国之后青灯黄卷译经、做学问的地方。昨天，我在玄奘的塑像前流连许久，我问自己，这位行者为何伟大？这位伟大的行者走的是一条怎样的路？

玄奘之路首先是理想之路。他走的是一条追求自己理想目标的路径。真经对他来说就是真理，就是真理的文字符号表述，为了追求那些记载在真经中的真理，他走了16年，六万五千里！

玄奘之路也是一条意志之路，一条让自己的意志每日每时经受考验的漫漫长路。他走过近千里的茫茫大沙漠，世界屋脊的风雪葱岭（帕米尔高原），饥饿和干渴交迫，酷热和严寒相袭。他无数次遭遇了风险，被人抓捕、关押、追杀、刁难，受尽各种艰难。

但是他给自己立下了这样的誓言：不求到真经，不东归一步。有次在眩晕状态下，朝回程行了数里路，一旦发觉马上自责，立即回头朝着既定目标前行。

玄奘之路还是一条文化交流之路，一条连接东亚、中亚、西亚、南亚的文化通道、文化纽带。玄奘不仅将印度佛教的几百部经典、1500 多卷经文带回了东土大唐，而且在大慈恩寺、玉华宫青灯黄卷 20 年，将它们翻译成汉文，在翻译过程中揉进了很多中国词汇、中国概念、中国表述，使得佛教得以在中国生根开花。他还口授了 12 卷《大唐西域记》，将自己亲历 100 多个邦国的闻见，这些地方的山川、地邑、物产、习俗都记录下来，使得一些国家如印度，自己民族的历史都缺少记录的一些东西得以保存下来，丰富、补救了这些地方的历史文化资料。印度的青少年都知道玄奘，因为他们的教科书里选用了玄奘记载的一些资料。

玄奘之路更是一条精神之路、境界之路。玄奘许多论述和见解的哲学深度，他从世界文化格局中看待地域文化的博大境界，都值得我们认真学习。他去西天取经的初衷，就是想向戒贤大师学习，在佛教各派学说中找到一条融会贯通之路。他在那烂陀寺学习了因明学、唯识宗，回国后成为这一流派的初创者。他与鸠摩罗什、真谛并称三大翻译家，译出佛典 75 部 1335 卷，以如此巨大的文化交流成果，造福于中华文明。

丝路云谭 ▶▶

在佛教界，玄奘是一位后人很难企及的高僧，在人类文明的长河中，他是中华精神的象征，是文明交流的先行者，具有崇高的人文学的风骨和境界。正如赵朴初先生所云，"我国古代忘身求法的高僧很多，尽力于翻译事业并取得成就的人物也不是少数。而目标的明确、意志的坚定、学识的丰赡、力行的彻底和成绩的宏富，则以玄奘法师为第一人。"

我们今天走玄奘之路，对发扬中国精神和人文精神有着巨大的现实意义。佛教文化源于印度，为什么最后能够在中国生根开花，反而是中国成为世界佛教的中心？就是因为佛教文化中的很多意旨与中国文化的内在精神有相通之处。佛文化讲究慈悲为怀、讲究能仁寂默，有慈悲之心还要低调寂默，切切实实在实践中行仁行义。中国文化也是这样，中国人从混沌初开便有崇玉之风，以玉寓礼、以玉寓和、以玉寓善，讲究以和平、和谐、和惠、和宁的方式处理世界各种事物，所以我们说"玉成中国"。这些观念和佛教的慈悲，在本质上有着互通共生的基础。玄奘之路正是在这个基础上构建了一座沟通佛文化与玉文化的文化桥梁。

朋友们，让我们精神昂扬地、执着地、安全地沿着玄奘的路不舍昼夜地进发！这条路上有我离开了两年多的中亚朋友，有我阔别了20年的印度乐土，有更多的新朋旧友在热切地等待我们去相逢。两年前，我站在祖国西陲的霍尔果斯口岸曾说过："我们身后是伟大的祖国，我们眼前是整个世界！"今天我们又将走向一个新的跨国口岸。让我们从国门向前迈大步，去拥抱世界吧！

不走出中国哪里知道中国好？

不走向世界哪里知道世界小？

不走进丝路，又哪里知道千年丝路情未了？

丝路万里行战友们，出发！

2016 年 9 月 28 日上午，

于西安秦汉新城管委会广场丝路万里行出发仪式

◎丝路万里行之

重走玄奘之路……

015

散步未央宫

因为安排我接待到访的比利时电视台北京分社社长华帆（中文名）为首的三人记者组，并作为出镜讲述的中国学者，陪同他们行走丝绸之路的国内段，在 9 月 28 日上午万里行车队出发式之后，我暂时被留了下来。未来的十天里，我将乘坐比利时记者组的越野车，与华帆及一名比利时摄影记者、一名中文翻译从河西走廊一路西行到新疆伊宁。出发式后，我离开了车队和战友，陪他们去参观西安的未央宫和大明宫。这是世界文化遗产"丝绸之路：长安—天山廊道的路网"21 个景点中的两个。

万里行车队驶离西安之后，我偕比利时电视台的记者组华帆先生去西安大庆路的丝路群雕拍摄他们纪录片的片头。这个群雕是西安美术学院马改户的团队在 20 世纪 60 年代前创作的，以花岗岩为材质的两组中国和波斯商旅驮队络绎行进于丝路的构图，通过简洁、流畅而极有力度的线条和面块，将丝路驮队连绵起伏的动势，沉着坚毅的精神，十分传神地表达出来。镜头不多，但折腾了一个钟头，让我领略了一番欧洲人的精细和敬业。

然后我们去汉未央宫。今日西安天朗气清，汽车在拥堵的闹市中艰难穿行，驶到一个名叫大白杨的去处，忽地一拐弯，眼前

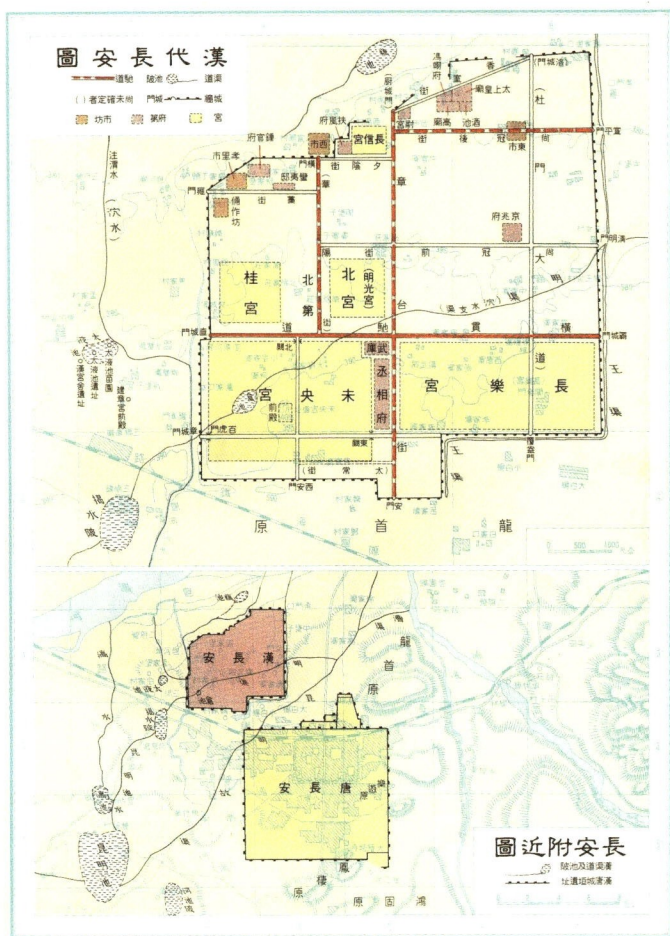

汉代长安图

长安附近图

竟出现了一片无边的旷野。说"无边"毫不夸张，一眼望去，的确看不到边沿，看不到当今所有城市都有的楼群错落的天际线。一碧如洗的远天之上，随意抹上了两道云彩，有若阴阳双鱼相向而游。翻译惊呼，这不是太极图吗？

在寸土寸金的大都市里，无意之中就能够肆意享用到如此辽阔的空旷，我们也太奢侈了。

秋阳之下，未央宫的墙基以重叠错落的方框，呈九宫格徐徐展开。一步步登上前殿的 20 米高台，2000 年前在这里理政的 12

位汉朝皇帝，走马灯似地在眼前旋转，辽远、简朴的汉韵和汉舞也就在耳旁悠悠响起。几道光柱斜落于树影之中，把那些陈年旧事一下子照得生动起来，过眼很久很久的烟云又一一成为眼前的烟云，有声有色地由着你一页一页翻读着。我知道我来到了和汉武帝、张骞、司马迁同一个生命场中，同一处阳光和婆娑的树影下。此刻他们在哪一处树荫深处等着我们呢？

进到西安门，蓦地被一个气场团团裹住，无色无味无声，看不见摸不着，却分明能够感觉到，是那样轻纱淡絮般地从心头漫过。是了，张骞当年就是在这里拜别汉武帝，远别故土，一路向西，以陕西汉子特有的执着，付出了整整 17 年的时光，凿通了那条神奇的路。他的脚步，在迷离的宫墙中仍可听见回音，他的身影，这里那里犹从墙基掠过。我们丝路万里行媒体团的记者，两年之后又要去走丝路了，又要自驾汽车奔驰三万里、行走丝绸之路七国了，今天竟在西安门与博望侯张骞邂逅，自是分外亲切。谈起丝路上的风情见闻，哪里关得住话匣子？不觉便羁留了好一阵子。

你无法不在大禄阁、石渠阁久久徜徉。这里曾是国家图书馆和档案馆，尽藏刘邦入关所得秦之图籍。你想象着，又无法想象，当年司马迁为了撰写《史记》，是怎样屈辱而又无畏地来到这里扒梳、检阅资料。对自己在宫刑之后痛不欲生的屈辱，他在《报任安书》中有过那么痛切的描绘——"仆以口语遇遭此祸，重为乡党戮笑，以污辱先人，亦何面目复上父母之丘墓乎？虽累百世，垢弥甚耳！是以肠一日而九回，居则忽忽若有所亡，出则不知其所往。每念斯耻，汗未尝不发背沾衣也！身直为闺阁之臣，宁得自引深藏于岩穴邪！"这位受了奇耻大辱而无颜见人、只想藏匿于岩穴之中的太史公，为了实现家族的续史之志、民族的存史之魂，目无旁骛、义无反顾地走过这里的一段段回廊、一扇扇窗口，领受着昔日同僚和宫闺下人以目光和议论对自己利刃般的凌迟，血流如注地走向历史，走向真理，那是怎样的惊心动魄！

而少府也很勾起大家的兴味。当年花团锦簇的汉宫生活，透过繁华的宫廷庶务，依稀可感；皇后寝宫的椒房殿，取用椒花椒叶和泥砌建，依然似有若无散发着芬芳……

向灯下展简疾书的太史公司马迁行注目之礼，向依然在丝路上行走的张骞和整个"博望侯群体"遥祝平安，也插空和怀揣《举贤良对策》正去上朝谏议的董仲舒互道一声珍重！待我们走到宫门口的汉阙之侧，不期又遇上了大步流星来汇报军情的卫青、霍去病将军，没来得及打招呼，已经擦肩而过，留下一股汗水和硝烟刺鼻的味道。

沿着光阴的定格，行走于历史的棋盘之上，我们阅读2000年前这部大汉书，体味着那个朝代的风光和气息。

真得感谢长安人为我们留下了汉朝，未央人为我们留下了未央宫。我知道，在大拆大建已成为当代城市改造大趋势的今天，吃梆梆面、锅盔馍的西安人，硬是用一股偏犟劲儿，逼着二环路拐了个大弯绕开了汉城遗址，使之纤毫未损。"西安二环为什么不方正"已经成了导游词中精彩的佳话。未央宫的护城河一度成为城市排污渠，西安人不惜工本硬是把这里改造为汉城湖风景带，市民可以乘游艇观赏北方古都的水景，可以乘船由市区直达西安北站——西安新建的高铁专用站。这座城市的市民和管理者终于使西安有了城中河，改变了西安自古以来只有八水相绕于城郊的格局。未央人还下决心将汉城遗址内的村落陆续迁出，或就地改造为汉风小镇，又将位于汉未央宫、唐大明宫遗址附近的经济开发区内许多已成气候的制造企业，整体北迁20公里，远离保护区。是的，汉唐的一草一木，即便是汉唐的空气，也是不容侵蚀的。

如此在所不惜保护自己城市、保护自己历史的西安人，中国真要感谢你们。感谢你们留下了周朝、秦朝，留下了汉朝、唐朝，感谢你们收藏了中华古史的上半篇。

在卫星照片上，未央宫极像一块芯片，那些无言的墙基如集

远眺湖水环绕中的汉未央宫遗址

成电路盘桓成框形，其中每一个空框，都诉说着远逝的风云，装满了沉甸甸的岁月，等待后人去翻阅。其中，汉武帝会给你特别的触动。立于宏大的汉宫遗址群，那位缔造这一历史芯片的君主几乎无处不在。汉武帝是中国历史最重要的几位书写者之一，我们民族一些闻名于世的文化符号在他手中创建。我要特别向此刻正在凭窗远眺的汉武帝刘彻先辈，拱手问安。

自古以来，有两位巨人在北中国大地上疾步西行。一位从北纬40°的山海关出发，它的名字叫万里长城；一位从北纬34°的长安城出发，它的名字叫丝绸之路。它们像中国古代神话中的英雄夸父，在不同的空间沿着两条平行线，逶迤西去。

丝绸之路与万里长城，是中华民族的两大创造，中国历史的两大标志。它们西行到了甘肃河西走廊，一位稍稍偏北，一位稍稍偏南，蜿蜒的足迹渐渐形成一个美丽的夹角，终于在嘉峪关有了一个华丽的交汇，碰撞出耀目的火花。"嘉峪"，匈奴语意为"美好的峡谷"。这美好的峡谷虚谷以待，在自己的怀抱中举行了两大文明成果壮丽的合龙仪式。刘彻派出来的张骞与霍去病，在嘉峪关下长揖相会，击节而歌。两位几乎处在同一时代的夸父，成为丝路与长城的形象代言人。

秦长城在嘉峪关终止了它的旅途，汉长城继续前行入疆，而丝路则远走异国，把中国人的目光带到中亚、西亚、中欧、南欧，带向世界更广阔的天地。中华文化从此有如涨潮的海，无声的波，溶进了世界的交响。

同为宏大的创造性的工程，万里长城是绵延不断的军阵，是森严的盾甲和铁壁。每个城堞都凝结着中华民族的古典智慧和文化成果。丝绸之路则像硕果丛生的长藤，将汉唐长安城、麦积山、敦煌、交河故城、楼兰遗址、克孜尔千佛洞，一直到国外的撒马尔罕、碎叶古城、君士坦丁堡、雅典、罗马连接起来。几乎串联了欧亚文明所有的珠宝，形成了世界古文明无可争议的轴心线。它像一条华贵的项链，在北半球的胸脯上熠熠闪光。

丝路与长城于是成为人类文明和中华人格永存的图腾。这两个图腾闻名于西汉，不但都与汉武帝刘彻有关，而是在他手里推向了极致。

不过它们又是那么不同，那么易于区分。正是这种在同一人手中"不同"的两手，正是这"不同"的两手和谐共存，显示出刘彻的智慧。也正是这种"和而不同"的交汇，显示出他在中华文化中的地位。

丝路是溶入，让中国溶入世界，让世界溶入中国。长城是坚守，坚守世界格局中的本民族质地。丝路是开放发展，长城是对开放发展成果的保卫，而又正是丝路的开放发展，支撑了长城的坚不可摧。长城是战争的产物，丝路是和平的引言。长城以武力争斗处理民族和国家关系，所以让大将军卫青、霍去病出击，所以在长安通向北方的路上，给我们留下了络绎不绝的拴马桩和烽

○丝路万里行之

重走玄奘之路……

火台。丝路则已经在探索以友谊，以商业，以文化交流，以政治结伴处理民族和国家关系的新路径，所以派使臣张骞、班超出行。这样便有了丝绸、瓷器、茶叶、纸张等中华文明的西行，有了胡椒、番石榴、胡乐舞的东渡。张骞也便成为我国有史可查的代表中华王朝的第一代外交家和对外商贸、文化交流的使者。汉武帝封张骞为博望侯，那是期许中华民族要永远"博广瞻望"，永远以博大的眼光和胸怀去看待世界吧。

对入侵者出以铁拳，对朋友伸开双手——中国人自古以来就是如此气度，刘彻则将其提升为"以战合纵，以和连横"的国家战略。长城更以自己的防御功能宣示，中国人从来不轻易出拳，干戈烽烟皆为防卫。丝路则宣示了我们结谊天下的主动性，我们愿意先伸出双手去拥抱朋友——这便是"长城"和"丝路"昭告于世界的中国精神。

而作为国策的这软、硬两手，汉武帝是最高决策者和成功实践者。

未央宫遗址、大明宫遗址、古长安、古长城、古丝路，和所有的人类文化遗产一样，都是智慧的聚宝盆，历史的回音壁。远去了驼铃，远去了鼓声，只要你一旦又站在了这里，它们重又会在城堞之间回响。

2016 年 9 月 29 日，于西安不散居

兰州听河

·
·
·

离开西安，掠过宝鸡，无论如何应该在陕西彬县大佛寺和天水麦积山水停留，这两处是丝路上的世界文化遗产呀，但比利时记者在中国境内只计划了不到十天时间，我们的车只能直奔兰州而去……

整个兰州是沿着黄河由西向东一字儿摆的。我第一次到兰州是 25 年前来观摩在这里举办的中国艺术节，坐的是单位派出的专车。那时路不太好，整整两天枯燥的行程，终于看到路边兰州市

区的标识，便产生了与一位陌生朋友相会的急切期待。不料车子一个劲朝西开，总也到不了我们的目的地，直到你激情渐渐平复、消失，由企盼到焦急、再到不耐烦，司机才说了一句："快到了。"一看里程表，竟然已经开了40公里！

在兰州的黄河之畔，外国记者要我用几句话说说自己的兰州印象，积两次来这座美丽城市的印象，我说了"金之地、河之魂、兰之秀"九个字。"金之地"，不只是这里原称金州，挖出过金矿，更是因为甘肃正举全省之力打造丝绸之路黄金段，它有着远比金矿灿烂的财富和深远的内蕴。"河之魂"，当然是说黄河是这座城市的魂魄，决定了它的风格气度。"兰之秀"，是说它不但形似兰叶之修长，而且有兰花的淡雅幽香的内在气质。采访结束后，陪同的市委宣传部的同志握着我的手说，这九个字太好了，可以推荐为兰州的宣传词，谢谢谢谢。我说不敢言谢，要谢谢兰州，这本是兰州告诉我的，我只是说了出来而已。

兰州最美的路，当然是河滨路，自自然然沿着黄河河畔伸开。黄河的波浪和水雾，平衡着这座城市的空气，让它显得湿润。兰州城因黄河分为南北，南城北城便都有了水，也有了距离。正是这距离产生了意想不到的美——距离之美。水面在拥挤的城市中拉开一道大大的空旷，使南北两岸互为风景线，隔河相互欣赏，又拉起手自我欣赏。北京人、西安人向往了多少年的城中河，兰州人是早就世世代代在享用着，早就成为他们城市生命理所当然的一部分。好羡慕兰州！

兰州最有特色的风情也无不与黄河有关，不，可以说兰州的特色风情就是黄河风情。水车，羊皮筏子，太平鼓，哪样不是黄河生命的延展和腾飞？我欣赏过好几次太平鼓的表演，每当鼓声响起，便有如黄河之浪一下一下拍击着你的心灵，不像山西威风锣鼓那么排山倒海，显出一种从容而有节律的风度。而号子从如浪的鼓声中飞扬起来时，眼前出现的也便正是水手俯冲在羊皮筏

兰州《黄河母亲》雕塑

上飞渡黄河的画面……就连兰州拉面，不也是在惊涛拍岸的一次次甩动的响声中，抻得跟黄河一样长而又长吗？

这样，当我们来到"黄河母亲"这座雕塑面前，便一下有了感同身受的体验。她通体呈现的是黄河的情怀、黄河的魂，是的，黄河魂。她抓住了黄河之于兰州、之于中国的精魂所在，也抓住了兰州和中国对黄河孩子般依恋的深爱。说这座雕塑是兰州各种黄河元素溶为了一个总体形象和标志性符号，那是一点也不过分的。她将黄河人格化、审美化，她让我们懂得了有形象有温度的兰州和"兰州审美"，也让我们懂得了有形象有温度的西部审美和中国审美。

说到美学，我想起30年前在这座城市的一个大学校园里，和著名美学家高尔泰先生的一次聊天。那时我刚刚形成了对中国西

部文化结构的初步想法，即提出以帕米尔山结为圆心，以帕米尔到壶口瀑布的连线在中国版图上画一个弧，弧之西就是中国西部，它恰好大致涵盖了后来国家划入西部的 12 省区。但西部按生产方式与民族民俗风情又分为内西部和外西部，因而还需要再画一个弧，这个弧也是以帕米尔山结为圆心，却以帕米尔到兰州黄河段为半径来画，第二个弧之西称为外西部，主要是兄弟民族和游牧文化区。第二个弧与第一个弧之间的扇面称为内西部，主要是汉族和农耕文化区。兰州正好处在内、外西部的交汇点上。记得高尔泰先生当时表示，这种看法很有新意，他第一次听到。他说，不过兰州的文化地位也的确有这么重要。历史上的长安因是汉唐京城、文化中心，其实可以划入中原，兰州倒真正是中国西部的前沿之都，也是西部的中心之城。

快 30 年过去，这次是见不到高先生了，先生因种种原因现已去国而居。这位学者在敦煌、在兰州生活几十年，他在起伏的山峦中生发自己的思考，在茫茫沙原上展开自己的心绪，又沿着河流的走向，归纳着自己的哲理，解答世俗的疑问。他为西部献出了生命最有光彩的段落。

我想他对黄河的回忆，一定融进到了这座"黄河母亲"的雕塑之中。他该像这座雕像一样，日日夜夜在看河、想河、听河吧？听黄河的涛声，听黄土地的心跳。

2016 年 9 月 30 日夜，于兰州飞天大酒店

祁连山的叩问

●
●
●

出兰州，过武威，过金昌，车子换挡，爬上乌鞘岭，气温急剧下降，而且下起了雨。

华帆有着欧洲人的敬业和敏锐，立即开机工作，摄像机和照相机无比贪婪地将阴云、骤雨和雨中的牧羊人一一收纳于腹中。看着他们在风雨中将半个身子探出窗外，专注地工作，我不由得赞叹：你们真正拍出了中国西部内在的悲怆感，万里铅云，那都是泪光呀！为了拉动丝路旅游，关注西部各处景点的吃、住、行、娱、购、游，并不错，也的确有必要，现在做得还差了很远。但坦率地说，在我内心，不大情愿拿西部来消费、拿丝路来娱乐。这是一个深知西部的人无法屈就的感情，是对西部含泪的爱和尊重。

车过中国镍都金昌市，我注意力开始集中，趴在车窗上，目不转睛地盯着高速路以外的原野。20年前我两次路过这里，我知道，一个浓缩着重要历史信息的路段快要到了。西部将要展示它苦难的一面和振兴的一面。

不一会，路北边出现了层层叠叠的小土堆，成片成片展开。车里的年轻人惊呼：呀，这怎么像小坟堆？！不要吃惊，是的，

这一望无际的土堆，的确是坟堆，是当年西征的红军西路军，在遥远而又遥远的河西走廊留下的无名墓地。为了一个美好而执着的理想，成千上万的年轻人，在寡不敌众的惨烈战斗中，在饥饿的长途跋涉中，倒在了这片荒凉的沙土中。他们用热血和尸骨养育出一丛丛沙蒿，一年一年向世人宣告自己永不消逝的生命，但他们很多人甚至连姓名也没有留下。红军西路军的西征之路，其实也是一条"丝路"，是在友谊和平之路、丝绸瓷器之路，乐舞茶叶之路以外的另一条铁血丝路。他们的英灵还在这凄厉的秋风中飘荡吗？这凄厉的秋风是他们生命不屈的呼号吗？我们陷入了沉重的寂默，发动机声音大得有点压抑。

自古以来，荒凉的西部就是罪与罚的流放地。西风和落日，是西部环境悲剧的原型。西风使春的生机和夏的繁盛成为过眼烟云，"快倚西风做三弄，短狐悲，瘦猿愁，啼破冢"，那是何等悲凉！古人茄丰弯腰躬行的"扶伏民"形象，则是西部人物悲剧的原型。在《太平御览》中有"扶伏"条目的记载。还在蚩尤、炎黄时代，轩辕黄帝就将罪臣茄丰流放到玉门关以西的地方。这位传说中的第一个西部流亡者，据说是怀着强烈的原罪感一路躬腰匍匐西行的。他流落在西部的后裔，从此便成为"扶伏民"，这个名称大约是被制服归顺的意思吧。历代流放者无名无姓无亲无故地长眠在西部，他们孤独吗？寂寞吗？还有人会想着这些曾经有血有肉，曾经鲜活的生命吗？

哦，我苦难的西部！为什么在前往大慈大悲的西天极乐世界之前，竟然是一片如此大苦大难的土地呢？有谁能回答我？

雨过天晴，高速路两边，是大片大片的绿地，大片大片正在黄熟的麦田，还有铺向天边的向日葵、油菜。这里的气候使农事季节比内地整整晚了两三个月，河西走廊让我们在秋天重又经历了一次夏初的日子。这里的草地、麦田、油菜花面积之大，那气派几乎可以与东北粮仓"北大仓"媲美——是的，它的确被人称为甘肃的粮仓。一行麦子是一个句子，大片的麦地是大篇金色的文章，告诉人们这里的变化。

再往前走，便到了山丹军马场，中国最早最大的国有军马场，汉唐以来为皇家、为战争繁殖、养育、训练军马的地方。记得有一年初夏，我与几位书画家来这里，躺在山坡茵茵的草坪上，与静静的云彩对视。静到可以听见绿草哗剥地拔节。陶醉在周遭优美的绿色弧线之中，让你有一种眩晕感。你会忘记这里的宁寂恬静竟是孕育厮杀的地方，这和谐闲适的情境深处是一部刀光剑影书写的历史。

在张掖我们采访了中铁电气化集团西安电化公司的张宝柱董事长，他介绍了即将通车运营的兰新高铁项目。这条1700公里的高铁将成为新丝路的标志，成为西部拱起的脊梁。现在，最后一座桥很快就要铺轨。为广早日通车，电气接触网工，包括"祁连山八姐妹"，终年贴在高山峻岭的峭壁上施工，他们豪迈地称自己是"祁连山蜘蛛侠"。公司的职工为我们即兴表演了他们自编自演的反映高铁建设的歌舞，久违的劳动者自己吼出来的劳动号子，在舞台上响起，在山野间回旋。

对这条铁路我早就略知一二，原因是我的一位外甥任少强是中铁二十局的总工程师，承担了打通祁连山隧道群最艰巨的任务。

将"丝路翔龙、敦煌点睛"书法作品，赠送给敦煌研究院名誉院长樊锦诗，感谢几代敦煌人对民族瑰宝的辛勤守护

此前，他们局曾因出色完成青藏铁路的长隧，解决了世界海拔最高冻土层施工的种种科技问题而获得国家科技奖。有一部描写他们的长篇报告文学《天路》，皇皇几十万字，对这群大国工匠有过详尽描写。任少强在现场如何指挥、如何工作，详情不得而知，但他在闲聊时有一句话深深印在我的记忆中，他说，我们平常讽刺那些吹牛皮的人，说地球变暖时，他们能给地球装个空调降温。我们真的就给地球装了个空调！冬季零下 20 摄氏度，隧道施工不能停，咋办？在隧道施工现场装几个特大功率的空调升温，不让混凝土冻结……这十几年来，家族的春节聚会极少见到他在场，一问便是"去青藏线了""又去祁连山了"。任少强，我的这位外甥，一直是我心中的骄傲。

西部人不再像茄丰那样弓着腰了，新丝路上行走的是一个个挺起了脊梁的人物，夸父般的人物！

2016 年 10 月 1 日，于张掖

好一脉莽昆仑

·
·
·

飞越乌鞘岭，告别近处的祁连、天边的昆仑，天山廊道在前面召唤……

戈壁，戈壁，戈壁。在漫向天际线的戈壁尽头，昆仑山一直沉默而执拗地注视着我们。它以静制动，以无声胜有声，用气场无处不在地笼罩着我们。车内所有人忽然沉默了，大家都默默地望着昆仑，感受着他那万古永存却又缄口如瓶的宏大气场。在就要告别天边的昆仑，进入新疆天山廊道的一刻，我必须回首说说这座伟岸至极的圣山。

车窗外闪出了雅丹地貌，西部的风，以百年、千年为时间单位，将这里的岩石和土坡塑造成一座座雕塑，有横刀立马的孤胆英雄，有千军万马的战争全景，呼啸而过的马队，以及孤独的牧羊人和他的不孤独的羊群。一切都有了生命有了生气。西部告诉我们的是，整个世界，整个宇宙，无处不有呼吸和心跳。

这比我去年冬天去柴达木看到的高原，鲜活多了。那次冒着零下 30 摄氏度严寒和 3000 米海拔西行，就是想感受一下冬的昆仑、冬的高原，顺便参加"大昆仑文化高峰论坛"，交流一下文化研究

成果。会上，中国作协副主席、青海省委常委、宣传部长吉狄马加给我发了一个"大昆仑文化研究杰出成就奖"，很令我惭愧。那主要是因为 30 年来对西部文化的研究，催动我老迈而不懈怠吧。

关于昆仑山的界域，人文地理学界有争论，越趋精确争论越凶。从文化坐标上看这个问题，我只想对这座山取一个模糊的说法。这座山恐怕是中国最高最大的山，平均海拔五六公里以上，山表面积 50 多万平方公里，三个多陕西或江西还不及它。昆仑山一把将青海、四川、新疆和西藏揽进了自己的怀抱。

我心目中的昆仑山，大致可以用六个词来表述，就是：山之根，河之源，族之祖，神之脉，玉之乡，歌之海。

山之根，昆仑山是"万山之祖"。中国山系的主干山系，由它生发出来的支脉和余脉遍布西部大地。从大山系角度看，祁连山、巴颜喀拉山，甚至一直延伸到秦岭，都可以收入囊中。

河之源，昆仑被称为龙脉之源。在这无数的雪山中，流出了世上最纯净的水，浩荡而成长江、黄河，不息奔涌直至太平洋。同时还形成了塔里木盆地与柴达木盆地等许多内流水系。毫无疑义，它是最大的中华水塔，最高的中华水塔！

族之祖，远古居住在昆仑山下青海高原的羌人，曾是北方大族。羌、姜本一字，姜姓部落集团是羌人的一个分支，都以羊为图腾，后来成为古中原地区最著名的民族共同体。它是"华夏族"的重

要组成部分，从三皇五帝到春秋战国，这个族群在中原始终占有重要地位。后虽与汉人杂居而相融汇，其分支至今仍在岷江、嘉陵江上游传承繁衍。

神之脉，昆仑被称为"万神之山""中国第一神山"。中国的神话有两大系列，即东部的蓬莱神话系列和西部的昆仑神话系列，一山一海，构成中华民族多彩的神话世界，融汇着中华民族无比丰富的想象力和诗性浪漫情坏。西王母神话系列，以及相关的穆天子、瑶池这些昆仑神话中的人物场景，经由世代民间传说和各类文艺作品的传播，早已家喻户晓。

玉之乡，昆仑亦称玉山。《史记·大宛传》写昆仑时即有记载："其山多玉石，采来天子案，古图书名，河所出山曰昆仑云"。昆仑玉与和田玉东西距离300公里，处于一个线矿带上，质地细润，淡雅清爽，是国家地理标志的保护产品，曾作为北京奥运会的奖牌专用玉，是白玉产业的一大品牌。

歌之海，以"花儿"和玉树歌舞为代表。以赛马会、那达慕、九曲黄河灯会、土乡纳贡节、热贡艺术节、撒拉族艺术节而显出

无比斑斓的民族民间艺术，使昆仑山下、青海湖边成为歌之海、诗之海、舞之海。李白"若非群玉山头见，会向瑶池月下逢"写的就是昆仑山。近年青海省在青海湖畔连续举办国际诗歌节，更使昆仑之歌诗走向世界——那可是每年几十个国家、国内几乎每个省的诗人都来这里聚会呀！

昆仑山的雪域高原上，不但有着世世代代在这里繁衍生息的兄弟民族与本土的汉族同胞，还行走着张骞、班超，行走着玄奘、文成公主，行走着我们的地质工作者、铁路公路建设者、油田开采者，是他们将唐蕃古道和茶马古道与丝绸之路连成一体，在西部大地上构成了一个古道交通网络。这个网络当下已经实现了现代转化，转化为公路网、铁路网、电网、航空网，还正在以世界惊奇的速度建设高速公路网和高速铁路网。

昆仑文化有了新的内涵，昆仑高原于是有了新的高度，昆仑人于是有了新的活力！

2016 年 10 月 2 日，于哈密加格达宾馆

"这个世界的启示在荒原"

●
●
●

比利时电视台的关注点放在古丝路，我们沿途很少在城市羁留。从星星峡入疆后，只在哈密和吐鲁番的高昌古城制作了两三段节目，而后越过乌鲁木齐、昌吉、石河子，一路向西，绝尘而去……

车过石河子，一直沿着天山北麓向西飞驰。天山白色的冰川雪帽，戴在钢铁般的山体骨架上一动不动，像哲人俯瞰着西部大地，沉着而饶有兴致地注视着从脚底下驰过的这辆车，这几个人，注视着这些来西部闯荡的黑眼睛和蓝眼睛。怪不得山名冠为"天山"了。其实祁连山的"祁连"二字，蒙古语的意思也是"上天"。山岳给予我们心灵的，永远是天空般的崇高和宏阔。夕阳之下，沙砾覆盖的大地，在车窗外缓缓旋转成一个扇面。沙柳、沙棘和其他不知名的沙生植物，在不能直立的飓风中立住了脚，在无法生根的坚硬中生了根，而且手挽手站成线，连成片，给大地抹上了一抹嫩绿。

太阳光耀的圆，正在渐渐地接近地平面的直线，接近的速度你似乎可以感觉到。在与大地缓缓地相拥中，太阳刺目的剑光，一点一点柔和，终于柔化为橘红的唇，轻轻贴到地母的怀抱中。

它们相交的瞬间，球体在地平线上轻轻回弹了一下，相切点上瞬间爆发出炽烈的弧光，太阳和大地便在这炫目的光芒中熔铸到一起。几乎同时，一阵凉风，贴着地皮掠过，晚风悠悠袅袅地散漫开来，给大地轻轻地敷上一层群青、一层淡紫，直到天地混沌成昏暗的一片。

30 多年来，我几次穿过河西走廊，沿天山西进，还有两次是从青海海北自治州的大草原，翻过祁连山去张掖、敦煌。有一次，在祁连山南的绿色原野上，突然遇上了裕固族鲜艳无比的马队——原来是接新娘子的队伍。我们的车整整跟行了半个多小时，好好

领略了一番兄弟民族的婚嫁风情。

几十年过去了，在驰骋的烟尘中跳出的这彩色回忆，让我想起一句名言："这个世界的启示在荒原！"美国生态学家梭罗和林务官奥尔登·利奥波特都说过类似的话。毕生与大自然打交道，使一位平凡的人悟出了这个深刻的道理。

为什么"这个世界的启示在荒原"？因为发达地区是先开发、已开发地区，资源已利用地区，也是发展机遇正在过去或已经过去的地区。发达地区是现在时，正在成为过去时。未开发的荒原，才是潜力和机遇最富集的地方，资源保存最佳的地方。荒原是未开垦的处女地，真正的未来时在荒原，真正的希望在荒原。

荒原在文化上有一种"隔离机制"。交流是经济、社会发展的

必要条件，这大家都知道，都重视交流。但隔离可以从另一个角度促进社会发展，却不是人人都能想到的。隔离可以保存文化特色，隔离是地域文化个性形成的必要条件。文化个性的丧失，常常和过度交流有关。交流只能促进同质文化的批量生产。这也许是有些国家为了自己民族的文化安全，对现代化保持警惕的原因吧。

荒原对飞速发展的现代社会，还有一种价值平衡、文化拷问的象征作用。对于此岸喧闹繁华的社会生活，荒原像彼岸宁静淡定的精神世界，像灵魂的清洁剂和平衡仪。雪山大漠让被异化被深深伤害的人类回到大自然朴素的原点。人类世世代代都在读着高峰与雪山的对话，温习其中史诗般的句子。荒原无语，却何等让人敬畏！

从地形上看，欧亚大陆像一片四轮葡萄叶。四个叶端，分别是地中海、波斯、印度和中国东亚，由于靠近海洋，经济文化发展较早，形成了四大古文化区。葡萄叶叶掌的掌心，则是以帕米尔山结为核心的大高原、大雪山、大戈壁。这里生存条件不佳，文化经济因隔离而滞后。导致四大古文明最初只能在隔离中独自发展，于是反而形成了各自的个性。随着文明的成熟，这些被隔离的文明，最后又必然向叶掌的文化低谷——即中亚和中国西部汇流。我曾将此称之为多维文化的向心交汇。

这种向心交汇，使中国西部形成四圈四线的文化交汇地图。四圈，即新疆文化圈、青藏文化圈（也就是大昆仑文化圈）、蒙宁文化圈、陕甘文化圈。这四个文化圈鲜明地反映着地中海文化、波斯文化、印度文化、蒙古文化和中国中原文化在西部不同程度的交融。四线，便是将西部这四个文化圈和世界四大古文化联成网络的丝绸之路、唐蕃古道、草原之路（秦直道）、南方丝绸之路（茶马古道、茶盐古道）。

但是，在世界文化格局中，同时还有另一种文化交汇。这就是世界四大古文化，通过海洋辐射到美洲、澳洲和非洲部分地区，和那里的本土文化融合。这种交汇不是内向的交汇,而是外向的辐射性交汇,我将其称之为多维文化的离心交汇。离心交汇孕育的美、澳、非(主要是南非)新大陆文化,在深层结构方面,和中亚文化、西部文化有很多相似之处。尽管两者处于不同时空,发展有很大的差异,但内在的同构却使他们在这里那里产生自觉的呼应和不自觉的感应。

新开发的大陆如南北美洲和澳洲,已经发挥了多维文化交汇的优势,先后发达起来。西部和中亚如何发挥多维交汇的文化优势,不仅在内在结构上和现代文明感应,而且在文明成果上和现代文明相映生辉,这个任务摆在了我们面前。历史和时代将承担这个任务的主要角色,郑重地交给了"一带一路",交给了联结中国西部各文化圈的陆上丝绸之路和联结四大古文明的海上丝绸之路。

我们心里有一个世界,是"一带一路"将那个世界溶进了我们每个人心里。

"我是鹰，云中有志"

当向往已久的高山冷水湖赛里木湖从天山山褶的遮隐中露出她的容貌，车上的四个人像是得到了统一的口令，瞬间惊叫起来，不为别的，只为了她那冷艳绝色之美！

在美丽的赛里木湖畔，谁能不驻足停车呢？我们向她跑过去，两个老外简直想深深扑进她的怀抱。我跟在后面直喊翻译：小杨——告诉华帆，不能下水，非常冷，非常冷！华帆和摄影师高兴得像喝多了酒，又跳又喊又唱——当然，后来我也跳了，跳起来拍腾空飞翔的秀照。这张古稀老人的飞翔照在微信群里得到一片赞声，唯独老伴泼来一瓢凉水：老汉疯了！不要命了！

我是鹰——云中有志！我是马——背上有鞍！

我是骨——骨中有钙！我是汗——汗中有盐！

在由伊犁向边境疾驰的路上，沿途的大景观在我心唤醒了记忆中的这首西部诗，是当年著名的西部诗人杨牧的《我是青年》中的句子。短短几句，抓住了西部的魂魄，真是好长西部人的志气。

近30年前第一次来西部，我们曾特意从伊犁拐到天山南麓的

巩乃斯草原去看了一场赛马、叼羊比赛。哈萨克男人在叼羊比赛时的执着、勇猛震撼了我。马群、人群一会儿围着那头被叼的羊挤成一个漩涡；一会儿被哪位小伙子抢到手，离群疾驰，引发一场千军万马的大追击，这个漩涡便被拉成一缕烟尘，像箭一样射向草原的深处。那是男子汉的角力赛，是西部男人亮肌肉的舞台。而"姑娘追"，姑娘们甩着长辫子，飞扬着头巾下的长发，边满脸笑靥地追击小伙子，边用鞭子"无情"地抽打自己的白马王子，在草原一阵阵的哗笑中，又传递了多少温馨、温存和温爱。

最触动我的，还是少年组赛马，一群十来岁的男孩子不用马鞍，双腿夹住光裸的马背，一路打着呼哨绝尘而去。他们用愉快的呐喊传达骏马、草原、天地的勃勃生机，传达按捺不住的生命奔涌。我从他们身上懂得了西部人勇敢的原因——强悍，对他们来说是一种"胎里带"，一种童子功，一种自小长成的地域性格和民族精神。

生龙活虎的西部，生命飞扬的西部，骑在马背上的西部！在这里，天是明净的，地是无垠的，心是透明的。

◎穿越万里行之
重走丝绸之路……

大家围着挤着看赛马时，不远处有一位哈萨克老人坐在马背上，不动声色地看着欢乐的人群。他占据了一个稍高的小山坡，好像是一匹离群的马或者离群的狼，用自己的沉默和族群的欢腾形成了鲜明的反差。我很早就注意到了他，这时便走上前去想与他搭讪，却愣住了：这是一位双腿截肢的老人！小腿以下双双截去，用白色的毡毛包裹着，两个空着的马镫微微地晃荡，一副双拐横搭在马背上。老人端坐马鞍，稳如泰山，整个身子与他的坐骑熔铸为一座雕像。就那样，像草原的统帅一样，威严地伫立在赛马场边。

他怎么受的伤？赛马引发了他哪些回忆？或许他曾经是赛马叼羊胜利者中的第一名？或许在这里有意地被许多让他心动的姑娘追上过，幸福地接受过她们甜蜜的轻轻地抽打过？或许在哪一场暴风雪中他和他的羊群被严寒围困而冻坏了双脚，从此需要双拐支撑……但是这一切的一切，都无法将他和他的马、他的草原分开。所幸他还可以骑马，可以以马代步去亲近他的草原和羊群；故而每次赛马他必定到场，静静地感受着、享受着那依然在心中燃烧的豪强和刚男？这位像雕塑那样沉默的哈萨克老人，在我心中掀起了涟漪……

那次看赛马的归途上，天突然变了，瓢泼大雨在绿色的草原上打起了一层水泡。原野刹那间回到了洪蛮时代，地老天荒杳无人迹。这时候，一座孤独的帐篷从远方出现向我们走过来。滂沱的大雨中它那么孤独，那么无助。帐房的毡绒小卷窗上，有个孩子趴在那里看雨，孤独地望着这变了脸的天地，也显得那样无助。他会恰好就是那位哈萨克老人的孙子吗？他是在为爷爷担心，盼着爷爷回来吗？一代西部人就是这样孤独地、悲怆地然而又是倔强而刚勇地活着吗？

在那以后的几年时间里，每当下雨，我就会沉默地面对窗外如注的水帘，想起草原上孤独的帐房，帐房里孤独的孩子，还有依然像山一样伫立的孤独的哈萨克老人。他永远是那么一副不低头不弯腰的姿态，雄视着远方。

每当这时，我也会陷入一种孤独和悲怆之中，体内会升腾起一股血性。我也就会更强烈地感验到西部人生存的艰难和在这种艰难生存中锻打出来的刚毅和强大。我更会感验到，西部人生命中的这种品质和现代社会会有着种种新的呼应，这种呼应成为西部现代化进程中的一个原发性的精神优势。是呀，西部人原始生存和艰难发展的悲剧感、忧患感；西部人由于空间疏离造成的孤独、人在自然包围中的孤独，与现代人由于心灵疏离造成的孤独、人在"物化人"包围中的孤独，难道不是一种内在的精神同构吗？西部人对悲怆和孤独的先天性承受力，对在竞争中对决胜负的先天性承受力，难道不正是今天的丝路在经济、文化发展中一种潜在的精神优势吗？

西部人是以自己的艰难的生存来投资现代发展，投资丝路建设的啊。我厚道淳朴的西部乡党啊，你们意识到自己内心的这种优势吗？在当下社会的和个人的发展中，你们最大限度地发挥了这种优势吗？

我因此而有了些许的安慰。

2016 年 10 月 3 日，于中哈霍尔果斯边境口岸

撒马尔罕
塔什干
比什凯克
德黑兰
喀什
加尔各答

043

伊宁:中国第一次西部文学盛会

· · ·
·

从赛里木湖往西南，途中经过几处叫三台、五台的地方，是
清代戍边军营遗留的名称，其实赛里木湖当地汉人就叫它"三台
海子"，这让我感觉到国境和国门正在靠近。几乎快到边境了，不
料公路却又拐回来，向着东南，直指边城伊宁而去。

伊宁，曾是我人生一个重要的驿站。

找几次去新疆，都是乘飞机，只有一次坐火车回内地。这次
乘越野车已经跑了八千里路云和月，前面还要跑两万华里不回头。
贴着大地丈量西部，丈量丝路，是殊为难得的机遇。乘飞机穿越，
只能在高空鸟瞰西部，乘汽车一里一里丈量西部，那感受便完全
不一样。西部在你面前徐徐展开，你在西部徐徐进入，感觉说多
好有多好。

1984年，是一个常而又平常的年份。对我的人生却是十分重要。
这一年，我的事业有了一次转型。"文革"前,我在报社当文艺记者,
也写一些评论文章,却仍是以文艺报道为主,应定位为文艺记者。
接着便是长达十年的"文革",辗转下放农村、工厂,文事完全停顿。

"文革"之后回到文化界，已是奔四的人。1979到1984这五年，

是我人生事业的再度起步期，是我文艺评论的写作期。我们几个中年人组织了以《笔耕》命名的全国第一个文艺评论组，开展了许多活动。对上一代的陕西作家柳青、杜鹏程、王汶石、李若冰和同一代的陕西作家路遥、陈忠实、贾平凹、邹志安、京夫等等，我大都写了专文评论，也参与了像全国中篇小说评奖这样的国家级文艺评论活动。

久而久之便免不了对自己这条追踪性评论路子开始反思了。几位同龄的文友在一起常议论，40岁的人了，多少应该有点自己的学术领域，不能就这样被动地追踪作家的创作，没有自己的理论坐标和体系。从这时候起，几经比较、选择，我决定进入中国西部文学的研究，并力争逐步向中国西部文化的领域拓展。1984年初，我在《陕西日报》整版发表了长文《美哉，西部》，提出"西部美"的概念，力图将西部文化作为一个整体的概念体系提出来。当时有许多报刊转载，引发了较大反响。

这前后我由《陕西日报》调到陕西文联，主管文艺理论研究工作。我组织的第一项活动，就是联络西北各省区文联与西安电影制片厂，召开首次中国西部文艺研讨会。为了突出西部的特点，会议选在新疆伊宁市——中国最西边的城市。

于是有了第一次西部之行，是乘苏式伊尔-18飞往乌鲁木齐的。那天万里晴空，纤尘不染，我紧靠在8000米高空的舷窗上，把鼻子压成一个扁平的三角，目不转睛地盯着窗外。竟然能够清晰地看到大地，看到戈壁，看到细细的公路将荒原切割成这样那样的几何图形。祁连山缓缓地向后挪动，小小的如玩具般的采油树撒播在山原之间。河流大都干涸着，与路几乎无法分辨。有时能看到一些零零星星的绿色，不知那是左公柳（因左宗棠征西时沿途栽下的柳树而得名），还是沙柳丛。快到乌鲁木齐，飞机盘旋下降，戴着雪帽的博格达峰像一位阅尽沧桑却又缄口如瓶的老人，从地平线伸出头颅凝望着我们。那充满了哲理感的无声的凝视，让我

哈萨克族年轻的骑手饮马
伊宁的赛里木湖

深深地感觉到了西部的苍劲伟岸和自己的渺小猥琐……

到乌鲁木齐的当夜，筹委会决定要我在开幕式上作关于西部文艺的主题报告。我对这个问题虽然有所思考，却丝毫没有作长篇发言的准备，推脱再三皆未奏效，只好恭敬不如从命了。那时都是两人住一间房，干扰比较大，又只有一天准备时间，怎么办？第二天一早，我带一支笔一叠纸，问路到红山公园，找了树丛深处的一块石头——那应该是为恋人们准备的地方，开始写我的主题发言提纲。拟了近十个相关问题，一个一个细化为小观点，写了满满六页纸。其间不时有恋人找到这块隐秘之地，见到我这个不知趣的人，只好扫兴退出。有一对年轻人还小声地表示了不满，嘟囔说，到公园里还写什么，假正经！第三天一早，我们便坐上大巴向600公里外的伊犁进发。脑子里一路盘旋着心中的西部，耳际响起了当时一首写西部的歌：

也许你还不了解它

它的绿洲，它的黄沙，它的牛羊，它的庄稼

它的胡杨林如诗如画

哦，我说你会爱上它，你会爱上它！

也许你还不熟悉它

它的油海，它的钻塔，它的花毯，它的彩裙

它的林荫道攀越山崖

哦，我说你会爱上它，你会爱上它！

这首歌的题目叫《你会爱上它》。是的，永远永远，我真的从此爱上了它，爱上了我的西部，我的丝路。

在伊犁的大会主旨报告，后来整理成 18000 字的长文在《文学评论》杂志发表，再后来，在 1988 年又发展为 30 万字的《中国西部文学论》。对西部文艺的研究，这部专著当然不是最好的，但的确是最早的，也许以其早，获得了第二年的中国图书奖。那以后我又以一年时间组稿、主编了"中国西部文论丛书"，除已出的《中国西部文学论》外，还包括《中国西部新诗潮论》《中国西部音乐论》《中国西部歌舞论》《中国西部民间艺术论》《中国西部幽默论》，共六本。这件事，到今年，到这次又走丝路，已经整整 30 年了！我生命最精华的段落，除了"文革"的耽误，几乎全都给了西部和丝路。

我的伊宁市，我的伊犁河，你好吗？你可知道，如若没有 1984 年我在你怀抱里的那次转型，没有西部和丝路对我人生的长期而又决定性的影响，我的后半生可能会有另外一种面貌呢。谢谢你，伊宁！

2014 年 10 月 4 日，于中哈霍尔果斯边境口岸

追赶部队

．
．
．

　　马上要和比利时国家电视台北京分社报道组分别了，他们要从霍尔果斯出境，经哈萨克斯坦、俄罗斯，进入中欧、东欧各国，最后抵达布鲁塞尔。而我则要飞回西安，重新整理行装，三四天之后，2016 年 10 月 8 日，又由西安飞往南疆，追赶部队，在喀什和万里行车队一道登上"丝绸之路万里行·重走玄奘之路"的征程。

　　我和华帆，这位同行八天的蓝眼睛哥们，在伊犁河畔紧紧拥抱，用彼此不懂的语言告别，没有眼泪，却有伤感。

　　刚回西安，我的心就飞回了南疆，飞回了车队，飞回了丝路。通过每日的微信，我知道我的"丝友"们走得远比我艰辛。他们到达敦煌后，便折向西南，翻过当金山，进入柴达木的西沿，穿过青海油田荒旷无际的原野，穿过戈壁大风在千百年中塑造的有如千军万马的雅丹地貌，到达花土沟。这一大片地区，属于大昆仑山脉的阿尔金山地区，素来被史学界称为中国历史的"后院"。西域各民族不定期从这里出击中土，奔向历史的前台，用马队和烟尘裹挟着动荡和强悍，给中原输送钙质、输送活力。也会不定期收缩，退回到这个"后院"，放马南山，休养生息，以审时度势

再次从"后院"登上历史的前台，作一次英气盖世的亮相。

万里行车队正是从这里经由茫崖进入南疆的若羌，那里离北面的楼兰古国相去只有百多公里。然后驰过且末、民丰、驰过于田、和田、莎车，直奔喀什而去。南疆人烟稀少，民情很是生疏，气候十分干燥，加之路况又不是很好，艰难是可想而知的。但车队每天的行程都保持在四五百公里左右。奔驰、奔驰，向西、向西。

我因离队而自愧，又以追赶而自励。当我从西安登上飞往喀什的航班，一直专注地盯着舷窗之外，似乎能够看到我的战友们在几千公里的古丝路上辛苦奔波。我贪婪地注视着这块跑过几十次的土地，这块我以一生与之结缘的土地，我的西部。我想起自己常常在宣纸上书写赠友的一个联句："除却诗书何所欲，独于山水不能廉"，是啊，我对这块土地，对西部总是充溢着深深进入的欲望和激情，此生此世是不可能节制、廉洁了！

秦岭、祁连山、青海湖、柴达木、塔克拉玛干大沙漠，大地敞开胸怀——从机翼下缓缓后移，任你尽情饱览。南面，若隐若现的青藏高原岿然不动，威严地捍卫着这块热土。天清气朗，空气的透明度、大地的清晰度都达到了极致。在八千至一万米的高空，你可以像高清、高精卫星地图那样，看见到地上的车辆行人，有时偶尔能感觉到有一层无色而略显淡紫色气体，似有若无地氤氲在天地之间，那可能就是科学上叫作"以太"的大气吧，或者是道文化称之为太乙的真气？一直能看到飞机的影子在无垠的沙原上慢慢地移动，像是一寸一寸地在检视、验收家国的热土。

我能看到许多条小路，从一座一座山丘背后走出来，汇聚到一起，通向远方。每条小路，应该都连着几座毡房，那里有人，有人放牧的羊群，有养育羊群的草场；或者那小路连着几棵采油树，采油树下有工房，住着采油工人和他的家属，他们长年累月在荒野中值班，让一辆又一辆载着原油的油罐车，驶向远方；或者连着三三两两地质勘探队的帐篷，他们命定了此生要走向荒原，荒原才是他们创造的平台，人生的舞台……这里荒凉，但有活力、有温度的人生从荒凉下面蒸腾出来，即便从高空掠过，也能闻见人类生命活跃的气息。

还能看到无尽的沙丘，大多呈月牙形，那月牙总是朝着东南方向，是西北风刮过来聚沙成月的，强劲的西部之风啊。这些沙丘让你的眼前涌现出一拨又一拨在西部大地奔跑的夸父，那是他们留下的硕大脚印。脚印在沙原上向无穷无尽的远方绵延，是夸父在行走，也是历代勇者在不屈地向西行走。

大地在机翼下缓缓后移，岁月和光阴如大地消失于后方又出现在前方。我想起30年前第一次飞往西部时的激动和蹁跹联想。30年去来，西部依然青春，而我已老迈。西部的风依然强劲，西部的歌声依然嘹亮，舞姿依然婀娜，而我已老迈，沙哑了嗓子，蹒跚了脚步。

终于落在喀什机场，我惊呆了。十多年前我曾来过这里，新疆维吾尔自治区文联主席、全国美协副主席、著名画家哈兹·艾买提陪我来的，他以《时代鼓手》等画作享誉全国。那时的喀什是一个古朴的小城，带着浓郁的维吾尔风情，悄悄藏在塔克拉玛干大沙漠的深处。而今这里的机场有了六七个廊桥，前不久还开辟了国际航线。

喀什在维吾尔语的全称为喀什噶尔，意为玉石之地、初创之地。它是东汉班超夺回西域三十六国时回到中华怀抱的。马可·波罗在他的《马克·波罗游记》里详真地记载了喀什这座城，这位来到中国的最早的东行者，在1257年来到这里，三年之后抵达了元上都。喀什作为新疆第一座历史文化名城，载入了《大不列颠百科全书》。喀什也是内陆的第一个特区，中国第六个特区，它以

丝路万里行媒体团在喀什市麦盖提县向央塔克乡金星村双语小学捐赠助教款三万元，此前还向若羌县中心双语幼儿园捐赠了两万元助教款

丝路云谭 ▶▷

888公里的边境线与中亚、南亚各国相连，是陆上丝路和海上丝路贯通的重要节点。

喀什有新藏公路的零度标记，从这里往南就进入了西藏的阿里地区，往东南便是阿克赛钦地区。你若放眼亚洲地图，能够看到喀什正处在亚洲大陆的中心。里海、黑海、地中海、北极圈，还有中国的东部、印度洋，都在一个基本等距离的位置上环绕着它。这种地域特点使它成为中国内陆一个非常重要的经济文化中心。

最近几年，"一带一路"战略提出之后，我国新建的一个最大的跨国项目就是中巴经济走廊。中巴经济走廊的北部起点就是喀什，南部则是可直达阿拉伯海的巴基斯坦瓜达尔港。这个走廊只有三四千公里，它将中国西部，尤其是新疆的出海口缩短了近万公里，在地域上成为中国西北尤其是新疆离海岸最近的地方。就在我们开始西行的这几天，媒体报道中国第一个载重卡车商队，已经由喀什起程，翻越帕米尔的红其拉甫山口，在巴基斯坦境内向着通往阿拉伯海的瓜达尔港进发。我注视着疾驰于烟尘中的中国车队的照片揣测：这可能是有史以来第一次由喀什、由新疆、由中国西部腹地直接开往海洋的车队吧？

到达喀什天元国际宾馆，未进房间即登上另一辆车去距喀什百公里之外的麦盖提县央塔克乡，丝路万里行媒体团在那里要对该乡小学进行第二次助教捐赠。自丝路万里行活动启程以来，由陕西卫视与中文投集团联合设立的丝路教育基金，已经在若羌县中心双语幼儿园捐赠了 20000 元现金，以支持央塔克乡金星村双语学校的幼教事业。这次又给央塔克乡的金星村双语学校捐赠了30000 元。看着维吾尔族孩子天真地表演歌舞和双语朗诵节目，一切民族和语言的隔阂都被那生命的天籁冲决了，一种天下老者共有的慈爱之情由心头升起，在脸上开花。有喜悦之花，也有泪花——如果让一切回到人之初的话，性之本善也许将会使天下永无隔阂和仇恨，若眼前这样春风和煦吧。我进一步领略了西部内在的变化，升起来一种信心。

第二天一早，车队就向着几十公里之外的吐尔尕特口岸疾驰。在口岸，喀什有关方面举行了为我们壮行的仪式，我在会上展示了专门为喀什写的一幅书法作品，内容用的是维吾尔族的一则民谚："心明于真诚，天亮于阳光，事成于和睦，力生于坚强"。这则民谚抒发了维吾尔族同胞的真诚心灵和阳光情怀，抒发了他们的坚强品格和对团结和睦的向往。以本民族这么美好的民谚赠送给喀什的父老乡亲，借以表达我们同样的心情，太合适不过了。让我们祈福丝路万里行媒体团出境后一路顺风，祈福各民族团结和睦，祈福丝路沿线各国在和平合作中加速发展。

接着我们进入海关办理过境手续，我们将在那儿进入吉尔吉斯斯坦的那伦市地界，而后直奔首都比什凯克，继续原定的重走玄奘之路的行程。帕米尔，帕米尔，我仰望了终生的帕米尔呀，一群中国西部汉子，明天就要亲近你、进入你、翻越你啦！

2016 年 10 月 7-9 日，于中国喀什至吉尔吉斯斯坦那伦途中

053

酬对帕米尔

· · ·

帕米尔是有尊严的，它不会让人轻松而又轻易地从它身边穿过去，尤其是骨头很硬的中国西部汉子。西部人也是有尊严的，他们要大声告知帕米尔，我们姓甚名谁。这是强者之间的惺惺惜惺惺，这才是帕米尔，这也才是中国人！

丝路云谭 ▶▷

2016 年 10 月 9 日一大早，奔驰了 4000 余公里的丝路万里行车队，马不停蹄地由西部边城喀什出发，奔向国境线上的吐尔尕特口岸。我们将从那里穿越帕米尔高原，进入吉尔吉斯斯坦——在古代传说中，那是一块有着 40 个富饶的城邦和 40 位美丽的少女的土地。

车队朝着帕米尔疾驰，造化用洁白的云絮将天穹擦洗得锃明瓦亮，天穹之下，帕米尔缓缓地向我们走来。天边绵延的雪峰，远处淡紫色的群山，火成岩用铁锈色勾勒出极有力度感的山褶，驼色的柔和的山丘草地由眼前铺向无尽，这一切都无声无息地在车窗外旋转。

帕米尔，我们这个星球上极致的高原，我心中极致的精神坐标。我曾把它当作圆心，说以它到黄河壶口为半径在中国版图上

划一个弧，这个弧以西就是中国的大西部。而以它到黄河兰州段为半径划一个弧，这个弧的西部则是西部，是西部的游牧文明板块。两个黄河段中间那块硕大的扇形地域，则是中国西部的农耕文明板块。一切皆以帕米尔为坐标展开。

　　其实，帕米尔也是亚欧大陆的中心。由帕米尔北至北极圈和南至印度洋，由帕米尔东至长江三角洲和西至英吉利海峡，距离大体相等，地图上这是可以用尺子量出来的。登上帕米尔，站在世界屋脊上俯瞰丝路、俯瞰欧亚大陆，任谁心中都会生出一股豪情。

　　帕米尔已经有两亿多年的生命。第一次造山运动中，在次大

055

陆板块的强劲挤压下，它嘎啦啦隆起于北半球，开始在漫长的岁月中孕育着水和风，孕育着生命。当车队渐渐驶进它的腹地，从那些褶折层叠的山体中，你真切地感觉到了造山运动无与伦比的伟力和无与伦比的残酷和惨烈。印度洋板块向亚洲本土冲击的力量，把整个地壳撞得一下子站立起来。那远古的野性，让我们胸中有一股豪气砰然冲决而出。

而在这种荒蛮中，你常常会看到一座小小的毡房，一根小小的电线杆，一棵小小的采油树，一条细如丝线的小路，你知道，那里有人在劳作，在生活。那劳作渺小得微不足道，却经年累月，一点一点改变着天地自然；那生活平凡得无足称道，却有家庭，有温暖，有人生的情趣。帕米尔，你是亿万斯年的荒蛮与日常温馨的两极组合。

10 月 9 日那天，喀什秋高气爽，年轻人只穿一件衬衫，我多加了一个背心。为了穿越帕米尔，早上七点钟赶往边境。吐尔尕特是个不很知名的口岸，硕大的门廊却有着国家的尊严。12 时举行了简短的壮行仪式，随后海关人员领我们去办出关手续。眼看很快，很顺利便能过境，心里不知怎的有了一丝遗憾、一丝期待：穿越帕米尔，能这么简单？就这么简单吗？以帕米尔的性格，它不该也不会如此轻易地放过我们吧。英雄应该有英雄的方式——我期待着。

果不其然，一入海关便陷入了遥遥无期的排队，等候。中国

帕米尔吐尔尕特口岸外等待过境的车队，让你为丝路的繁华惊喜

和吉国两边的口岸，反复登记检查达七次之多，一直拖到晚上十时（当地时间晚八时）才最后完成了过关手续。在口岸的十个钟头，温度由零上十四五度下降到零下四五度，由于行李箱都在汽车上，而过境时必须人车分离，衣着单薄的我们无法加衣，零下的低温和海拔3700米的高原反应，让我们饥寒交迫。想跑步取暖吧，无奈高原反应严重，心跳、头昏、举步艰难，有若重感冒袭来。

好不容易熬到出关，人车会合，添衣进食。车队一开出关口，便听见车台里好几个人惊呼：窗外，快看窗外！——嗬，车窗外，在最后一抹即将消失的天光中，蜿蜒的公路九曲十八盘，盘盘都是等候出入境的车辆！而且目所能及的几乎全是中国产的加长重型载货卡车！仔细辨认，能看出我们熟悉的"东风""黄河""陕西重卡"。大家顾不得光线暗淡，不停地拍照着。我索性将头伸出车窗外，认真估算了半山腰的四个大弯道，像不见首尾的龙蛇，等着过境的车辆足足有百辆以上。不少车已经亮起了前灯，中国车队便像珠宝嵌满了帕米尔的山腰，峰顶雪冠变成了丝路之皇冠。

这就是今天的丝绸之路经济带呀！它的繁荣忙碌尽在不言之中了。

再没有了寒冷与饥饿，喜悦与振奋盈满于每个人心头。近几年丝路经济的落地，使这个原先冷清的口岸刹那间变得如此繁忙，以至有点不堪重负。这是翻开丝路经济带这本大书，我们看到的第一页。就冲这一点，大家全来了精神，决定连夜驱车250公里山路，一鼓作气赶到吉尔吉斯斯坦的那伦市，凌晨2时吃饭，凌晨3时入住宾馆。这一天，大家整整16小时没有进餐，而途中车台里却聊得热闹极了，尽是关于丝路物流、中欧班列和提升口岸效率的话题。

国与国之间是有尊严的，它不会让人随意走进自己的家门、自己的院子，哪怕是好朋友。帕米尔更是有尊严的，它更不会让人轻松而又轻易地从它身边穿过去，尤其是骨头很硬的中国西部汉子。它一定要给生冷蹭倔的西部人一点颜色。它要用寒冷，用饥饿，用高原反应，用山道的崎岖，用雪地的湿滑，用种种的困难考验这群硬汉子。西部人偏偏是个不服硬的群体，他们也一定要给帕米尔一点颜色，要大声告知它我们姓甚名谁。这才是强者之间惺惺惜惺惺的交友之道，这才是帕米尔，这也才是中国人！

我们每个人都平凡不过，但每个平凡人的心里也会潜藏着某种豪壮之气，在特定的情境触发下，一被点燃便聚成火焰。不信你看我的这些队友们，第二天一大早起来，一个个重又活力充沛地发动了车辆。车队行驶在美丽的伊塞克湖畔，在异国明媚的阳光下，湖水绿得澄澈透明。这是千年之前玄奘走过的路，《大唐西域记》里记载过的路，而其后不久，唐代大诗人李白也正好就诞生在这条路边的碎叶城。

终于与心中的圣山进行了一次高强度、高水准的对话。与帕米尔以这样的方式相识、酬对，真的很有那么一点满足与自豪。

2016 年 10 月 10 日，于吉尔吉斯斯坦伊塞克湖畔

〇丝路万里行之
重走玄奘之路……

玄奘从丝路带回来什么

来到了美丽的伊塞克湖，我们在湖畔的沙滩上寻找玄奘大师的足迹；来到了古碎叶城遗址，我们在遗址的荒原上谛听诗仙李白的吟叹……

玄奘从丝路带回来什么？这似乎是一个无须问也不需要回答的问题，其实事情并不这么简单。

丝路云谭 ▶▷

玄奘在离开南疆的龟兹国之后，本来可以朝南直接翻越葱岭，也就是帕米尔高原，进入阿富汗、巴基斯坦而去印度。但是他担心自己私自离开长安出境，会被唐朝的附属国扣留，加之还要寻求突厥叶护可汗的庇护，所以就继续西行，兜了一个大圈子再往南走。这样他便来到了现在的吉尔吉斯斯坦地界，在美丽的伊塞克湖边见到了叶护可汗，可汗十分礼遇，赠给他丰厚的旅资，并给通往天竺的沿途各国写了文书，希望他们帮助这位唐朝高僧西行取经。玄奘感慨地说：成事不在人，在势。要用势、运势、造势，才能取胜。

玄奘在这一带遇到过大雪崩，几乎被埋葬，遇到过高原反应，几度晕厥不醒。到了热海，也就是现在的伊塞克湖，从那里西行一段，便是今天吉尔吉斯首都比什凯克东北面的托克马克市，也就是中国人熟悉的碎叶城。在那里又遇到了强人的拦截，在强人刀剑的威逼下，他说：你们要财物就拿走吧，只要让我西行。然后便镇定自若闭目念经。他的定力反倒让强人们失去了定力，强人们为了争夺分抢他的财物，开始了争执以至于激化到格斗厮杀，这却正好放走了玄奘。《大唐西域记》和《大慈恩寺三藏法师传》中，对伊塞克湖作了这样的描述："周千四五百里，东西长，南北狭，望之淼然；无待激风而洪波数丈……山行四百余里，至大清池，或名热海，又谓咸海……色带青黑，味兼咸苦，洪涛浩瀚……水族虽多，莫敢渔捕。"

玄奘在伊塞克湖畔这里还收了三个徒弟，三个徒弟有点像《西游记》中的原型。一个徒弟是娄沙，替玄奘法师背行囊、办事、牵马，很像是机智的孙悟空；一个徒弟是小沙弥致远，主要照顾高僧的生活起居，类似于沙和尚；另外叶护可汗还送给他一名向导兼翻译突厥人比蒙，是个30多岁的大黑胖子，扛了根七尺长的大铁铲，大大咧咧走在队伍前面，是不是很有点像猪八戒呢？所以吴承恩写《西游记》，恐怕多少也是有一点历史根据的。

玄奘留下的《大唐西域记》较为精准地记录了沿途百十来个国家及二十多处城邦、地区的风习、都邑、山川情况，使印度一部分没有历史记载的邦属，拥有了自己真实确凿的史料；这使得唐僧在印度知名度极大，因为小学课本为此提到过他。玄奘这种实实在在的历史记录，体现儒家入世实践的精神，是地道的中国作风，成为印度文化的另一种参照坐标。

玄奘从印度带回了佛经，不错，但又何止是经文。带回的更有佛经中关于生存的哲思和生命之梦的理想，有佛经中执着于在此生的苦行中圆梦于来生的那种美善的追求，那种在有所敬畏中救赎自身的精神。这与入世务实的儒家、融入天道的道家区别开来又组合起来，形成中国文化价值观三足鼎立中的一足。这又是

对中国精神的一种补充和完善。

玄奘从丝路还给我们带回了唯识宗和因明学，并在中国佛教界开宗立派。其实这些学问也远远超出了宗教信仰，它是一种哲学观和思维方法，即唯心论和唯灵论，它与中国固有的唯心主义哲学流派相融汇，在发扬人的主观能动性方面，对中华民族起到了非常积极的促进作用。

当然，最重要的是，以千千万万个玄奘为代表的中国文化既开放、引进、包容了佛教文化，又以本土文化化育融汇之，使其由一个古国、一块土地上的宗教，发展、提升为世界性的宗教和人类文明的瑰宝。

玄奘离开伊塞克湖 99 年后，唐代著名的诗人李白相传在这块土地上诞生了。这位激情豪放的诗人为自己生命的起步选择了一块激情豪放的土地。有观点认为，李白是随在西域经商的父亲在这里整整度过了他五六年的童年时光之后，才归返大唐的。他的父亲给自己起了一个域外游子的名字：李客。客居异地异域这名字多少反映了他们一家人漂泊的生存和思乡的情绪。在李白诗

丝路云谭 ▶▷

阳光下美丽晶莹的伊塞克湖

歌中，我们能够明显地感觉到不同于同代诗人杜甫的性情和情怀，那种浪漫情怀和豪放意趣，也许与这段在丝路上的童年记忆和最初的人生经历有关吧。

李白以大量的诗歌点燃了中国人被压抑的浪漫主义情怀。浸渍在他人生和诗歌中的酒神精神，是对杜甫诗歌中日神精神的重大补充。中华民族之所以如此热爱李白的诗，除了审美上的原因，其中一个深层的文化原因，恐怕就是李白的歌吟给世代被礼教束缚的中国人提供了释放真生命、真性情的极新鲜而又极宏大的空间。

此刻，站在托克马克碎叶城遗址的原野上，我们已经很难寻觅到1400年前的遗踪了。夕阳在旷野上烧成一个火球，给我们每个人的剪影勾上了金色的轮廓。夕阳下，萋萋荒草若碎金跃动。这块苍凉而辉煌的土地，见证了玄奘与李白给中国人带回来的理想之云、信仰之梦和浪漫诗情，见证了丝路对中华民族精神的滋养与拓展。这才是玄奘、李白带给我们最最重要的东西啊。

记得我曾说过，中国历史是按四分之二的音乐节奏前进的。

吉尔吉斯斯坦托克马克市郊区的碎叶城遗址，中国唐代诗人李白诞生地

中国中、西部物质和文化的交流融汇——包括战争中血的交流融汇，和中部周期性的统一，常常以分—合、分—合的四分之二的节奏，推动着中国历史的进步。丝路的交流，使中华文明与世界文明从古代开始就相互激活，点燃着我们民族的内在力量与理想情怀。玄奘、李白正是这方面筚路蓝缕的前驱人物。

　　在岁月的漫漫长路上，　个历史事件和历史人物有可能留下好几个层面的积淀：具体事件和故事层面，这是历史与文艺；具体事件背后包含的结构模式和处理这一事件的思维模式层面，这是哲学与逻辑；还有更深层、深到自己都浑然不觉的一个层面，那就是境界与情怀，就是文化记忆的积淀。玄奘和李白在这三个层面上，信息量都十分丰沛！我们走在他们曾经走过的古丝路上，不经意中就会接收到他们跨越时空发过来的强大的信息场！

　　车队离碎叶古城渐行渐远，夜色若轻纱一层层从天际挂下来。而我心里一直萦绕着这个话题，它启动了我思考的兴趣，我的目光久久羁留在西边地平线的缕缕光彩中。

2016 年 10 月 11 日，草于吉尔吉斯斯坦比什凯克，13 日改于奥什

西安的四三二一和
吉尔吉斯斯坦的四张牌

．
．
．

在吉尔吉斯斯坦各大城市，不经意中就可以看到撩动心旌的"中国符号"，恍若在中国西部的某个城市，熟悉而亲切。

丝路万里行车队翻越天山，从山区城市那伦来到了碎叶城——"诗仙"李白的出生地，经过托克马克——这里是从陕西迁徙而来的东干族的聚集地，访问了吉尔吉斯斯坦首都比什凯克。今天，

我们又从比什凯克翻越天山西段的雪峰，到达了奥什，吉尔吉斯斯坦第二大城市。公元八世纪这里就是丝绸之路的重要站点，并逐步发展起了丝绸加工业，直到今天，依然是吉尔吉斯斯坦丝绸加工业的重镇。

车队行驶在吉尔吉斯斯坦大地上，随处都可以看到撩动心旌的、亲切的"中国符号"。

进入吉尔吉斯斯坦国境，连绵数公里的中国重卡车队在等待出关，返回中国。从车队的长度，你能猜想到物流的兴盛。

一路上见到的吉方人员，几乎口口声声说玄奘，口口声声说李白。

从那伦通往首都比什凯克的道路非常平整。当地人告诉我们，这是中国帮助援建的，前不久才通车。

在比什凯克有一条大街，被命名为"邓小平街"，与邓小平大街相距不远的地方，我们看到了陕西煤化集团援建的大型石油项目。

许许多多的中国符号，不经意就出现在我们眼前。在去奥什的途中，车队在一个海拔 2000 多米的山区小店落脚，吃自己带来的盒饭，突然发现他们的坐垫上就绣着汉字"双喜"和"百年好合"；有些盘子上，烧制了中文李白的诗"床前明月光，疑是地上霜，举头望明月，低头思故乡。"这一切，使那么我们感到亲切、感到自豪，也使我们更思念那远方的"长安一片月"……

头天晚上，我们在比什凯克一个像蒙古毡房一样的豪华大餐厅中，会见了吉尔吉斯斯坦旅游部负责人。他竟然是 80 后，年轻而英俊，对中国非常了解，对于世界旅游形势也做了很好的阐述。

他讲话之后，万里行团队的领导要我介绍一下西安和吉尔吉斯斯坦旅游产业的资源，我说，要论西安的旅游优势，长话短说

在奥什市的欢迎会上，与孪生的吉尔吉斯斯坦俩姐妹合影

比什凯克市毡房饭馆

○丝路万里行之

重走玄奘之路……

066

正放学的孩子们见到车队都拥上来了

就是：四、三、二、一。

四，西安是世界四大文明古都之一，罗马、开罗、雅典、西安，西安是其中唯一的东方文明古都。

三，西安是外国旅游者必到的三个城市之一，北京、上海、西安。当年美国总统克林顿和去年印度总理莫迪访华，走的就是这个路线。

二，西安有两大世界文化遗产，那就是秦始皇陵兵马俑和古丝绸之路长安——天山廊道。在长安——天山廊道这个文化遗产中，西安占有五个节点，未央宫、大明宫、大雁塔、小雁塔、兴教寺塔，陕西占有七个节点，西安五个点再加上城固县张骞墓和彬县大佛寺。其中有玄奘走丝绸之路的西安城和回到西安译经的大雁塔，而吉尔吉斯斯坦的碎叶城等二处，也列入了这个遗产系列之中。这是一条拉动旅游多好的文化纽带。

一，最后一点也最重要，就是"一带一路"。西安是"一带一路"的东方起点，"一带一路"现在正蓬勃着时代的生机，西安提出了"新丝路、新起点、新西安、新气象"的口号，随着"一带一路"的发展提升，中欧班列、航空线路、旅游线路的开辟方兴未艾，西安到吉尔吉斯斯坦和比什凯克旅游线路将会有大的兴旺。

谈到吉尔吉斯斯坦在旅游方面的一些潜力，我也从中国、西安这个角度，即兴说了四点，这是四点资源，也是应该首先打好的四张牌。

第一就是打好"一带一路"这张牌，西安的铁路"中欧班列"长安号，现在已经可以通到哈萨克斯坦和波兰、德国，比什凯克离哈萨克斯坦的这条线路非常近，连通后东可到中国各地，西可达欧洲各国。西安航空港已经有近三十条国际航线，也有到阿拉木图的，很快可以开通直达比什凯克航线。

大量的企业家和他们的家属会来到丝路沿线，大量的中资企业需要各国各方面的人才，他们会带动全民对于吉尔吉斯斯坦的关注，带动旅游。

第二要打好文化信仰牌。在陕西和西安，乃至于这次同走丝路的宁夏、青海、甘肃各省，整个中国西部地区，也就是中国境内的陆上丝绸之路段的周边地区，伊斯兰教信仰的人有几千万，如果放眼全国，这个数字可能要翻几番。他们和吉尔吉斯斯坦大多数老百姓的信仰是相同的，生活习俗、文化心理，乃至于民间风俗和民间艺术，都容易相通达、相亲和。这是一个潜在的非常

在吉尔吉斯斯坦奥什的"上海城"里，向当地经贸组织官员赠送陕西的西凤酒

在夕阳下与吉
尔吉斯斯坦文化界
人士商议筹建李白
纪念馆事宜

巨大的旅游市场，而且可能是一个非常和谐的旅游市场，对于沟通各个国家的友谊极有好处。

其中尤其是有陕西、甘肃、宁夏、青海 140 年前西迁到吉尔吉斯斯坦以及附近几个国家的十几二十万东干族人，故土就在中国，很多亲朋好友不但一直都有相互往来的愿望，而且这 30 年已经频繁往来，可以说构成了中国—中亚旅游线路的骨干消费者和宣传者。

丝路云谭 ▶▷

第三是要打好李白这张牌。李白诞生地相传是吉国的碎叶城，现在已经列入长安—天山廊道世界文化遗产项目之中。碎叶城遗址我们昨天参观了，有很大的保护发展空间。中国古典诗歌首推唐诗，唐代诗人首推李白。李白是中国家喻户晓的唐诗第一人。中国人从小学起就学读李白的诗，背诵李白的诗。由此算下来李白在中国的知名度，他的影响范围可以达到十亿人以上。这些人虽然不是直接的旅游消费者，但是他们内心都有着唐诗的、李白的文化种子。只要我们把市场经营好，这些种子就会发芽、发酵，提升为旅游体验的心理动力，转化为旅游行动，推动旅游潮的出现。

第四是打好吉尔吉斯斯坦的美丽牌，这是吉国本土的旅游资源，是发展本国旅游业的最重要的基础。现在吉国已经排在中亚旅游目的地的第二位。它美丽，风光美，风俗美，风情美，风姿风貌美。它有悠久的历史，有丰富的传说故事，有雪山草原，有伊塞克湖这样宝石一样湛蓝的湖水，有各种各样的民间风情艺术，还有美丽的吉尔吉斯女郎和英俊的小伙子，这一切促进了吉尔吉斯旅游竞争力的逐年上升，它肯定还会继续稳步上升。

　　在两国政府和人民的努力之下，旅游资源的这四张牌，很快就会转化为长效的旅游产业，提升为盈人的旅游品牌。

　　总之，我们两个国家，在岁月漫长的历史中有你有我，在活力充沛的现实中有你有我，在老百姓的心灵中有你有我。中吉友谊，既是历史的也是现实的，既是物质的也是精神的，更是心灵的，既有利于各自发展，又有利于拉起手共发展。这正是丝路精神的真谛。

○丝路万里行之

重走玄奘之路……

丝路桥墩

我们先后访问了从中国迁居到中亚三国的东干族。境外华人既将中华本土文化扬播于世界，也将人类文明的优秀成果传递到国内。撒播在"一带一路"沿线各国的华人群落，像是一座座桥墩，支撑起宏伟的亚欧大陆桥，将中国与世界联为一体。

这次再度西行，又访问了两个140年前从中国西迁中亚的东干人村落，和上次去的东干村加到一起，我可以说将中亚有东干人的几个国家的陕西村，都选择性地去过了。这里只说先后到过的三个家庭，交往的三个朋友。它们是：哈萨克斯坦江布尔州的安胡塞家，吉尔吉斯斯坦卡拉科尔市二道沟的阿不拉欣家，乌兹别克斯坦塔什干市拉素乡的白东山家。

这三位东干族的华裔朋友，对中国故土的思恋一样浓郁而强烈，但表现却是那么不同，阿不拉欣是以传承东干人血统、保持家族稳定为特征，安胡塞是以积极开展当下丝路上的经济文化交流为特征，白东山则主要表现为一种文化依恋，执着地收藏、研究中华文化和东干文化，收藏相关的器物和资料。

现在我由近及远，逆时间顺序，来说说我的这些国外的陕西村朋友。

（一）

2016年10月15日一大早，丝路万里行媒体团驱车来到距塔什干仅40公里的卡拉素乡谢尔道斯东干村。这个村是给我们7号车开车的东干族司机白二山的家乡。

白家几位老兄弟在村里连畔而居，今日个白家过事，白家老少两代在村里的兄弟们全来了。几家的女人忙里忙外正为我们这些从"东岸子老舅家"（"东岸子"，陕西话指东边，据说是他们给自己民族命名的一个因由；老舅家，是他们对故土来人的习惯性称呼）来的客人做席面、炒菜、蒸馍、拉面，案板嗵嗵响，灶里的火冒得老高，看来那是一桌地道的中国关中席面。老大白东山是民族学博士、医师，专门从塔什干城里赶回乡里作为家族代表主持对我们的接待。

基本没有语言障碍，气氛一开始就热烈得火爆。语言是心灵的密码，感情的光缆。一开始就交流地道的陕西话：你们把政府

○丝路万里行之
重走玄奘之路……

白东山在塔什干家中珍藏的中国瓷器，故土情深

叫啥？"衙门"嘛！把干部叫啥？"衙役"嘛！把飞机叫啥？"风船"嘛！开汽车咋说？"吆车"嘛！一直朝前走咋说？"端走"嘛！见面咋问候？"吃了么？"……几千里外竟同音，高山大河、国界地界隔不住，把大家逗得一阵阵地爆笑。

老年妇女会绣花，绣中国字"喜结良缘"。青年一代大都留学于中国，以流利的汉语传承着他们故土的文化。白东山先生全面介绍了村里情况。他说这村里住着土耳其和朝鲜人，大家相处很和睦，但只有东干人保存了自己原有的语言。这时他随口说了一句很触动我的话："没有了自己的语言，还有自己的民族吗。"

我们互赠礼品并合拍"全家福"。白东山代表主人给我们送了两个收藏了五六十年的中国瓷碗。他说，这里的每一代的老人都会教导儿女，一定要把"东岸子"的东西藏好留好，这可是咱世世代代的念想！

晌午饭真是太丰盛了，六七个凉盘子加七八个热菜，豆腐、粉条、炖羊肉、炸带鱼、肉炒蘑菇、粉煎肉、蜂蜜粽子，全武行的关中家常菜。入席，致辞，互相夹菜，边聊边吃，兴致来了，全体合唱"他大舅他大舅都是他舅，高桌子低板凳都是木头，天在上地在下你娃耍牛，东岸子西岸子都是乡党！"最后一句"东岸子西岸子都是乡党"是大家触景生情现场改编的，唱得分外得意。席间我提议将今天定为"乡党节"，大家用热烈的掌声代替鞭炮，齐声高喊："同——意！"饭后，他们按关中风俗，将席上剩下的菜饭每家带回去一点，让大家庭人人吃一点。这也是一种家族凝聚的习俗呀。

白东山是民族学博士，下午领我们回到了塔什干他城里的家。家中很多书，有间房子摆得满满的，全是个人收藏的中国器物。柜子里是中国的陶瓷藏品，床上是中国刺绣，窗前挂的是中国年历……他说，只要是中国的东西，再破旧他也收藏。

这是我见到的思故乡思根脉的一种很深刻的状态，白先生对

我们用中国话齐唱："他大舅他二舅都是他舅，高桌子低板凳都是木头，天在上地在下你娃要牛，东岸子西岸子全是骨肉。"最后一句是即席创作，以抒发我们和东干族兄弟的骨肉之情

中国器物的收藏癖，反映了两个层面的情怀。一是家国、根祖情怀，睹物思亲，睹物思乡呀，他让自己生活在乡情乡亲的小文化环境中。二是文化职业情怀。作为一位文化学者，他将自己的乡土思念和专业兴趣结合起来，既有了深层思考，也有了人生乐趣。

白东山现在的心愿是想集资给东干村村口修一个写有中文、乌兹别克文和俄文的大牌坊、大门楼，再修建一个东干文化的博物馆。语言是民族文化的核心载体，民间习俗、民间艺术则是民族文化的营养液。他垫进去了自己很多钱，老伴有点不高兴，他的决心却不为所动。

这个村许多东干人的孩子在中国上学，白东山的儿子从山东师范大学才毕业，白二山的孩子已在安徽大学学成归来，在一家公司当销售经理。

推前几天，10 月 10 号的早晨，阳光明媚，秋风习习，团队虽然前一天后半夜三点钟才睡，因了一种穿越了帕米尔的豪情，依然个个精神饱满。车队今日将行进 500 公里，去伊塞克湖畔的卡拉科尔市，那一带有着从陕西、宁夏、青海、甘肃迁徙过来的华裔东干村落。

我们来到了一个叫作二道沟的东干族村，这个村以宁夏的回民为主。在 80 多年前的 1930 年，为了逃避苏联在政治运动中没收自家的财产，阿卜拉欣的父亲从托克马克陕西东干族聚居的营盘村逃到这里，娶了一个宁夏的回民，最后生下了他。老人阿卜拉欣在这块土地上繁衍、生存，建立了大家大业。他现在有八个儿子、一个女儿，有二三十个孙子，有十来个重孙。

他的大儿子是市里东干协会的会长，用俄文写了很多介绍东干族文化的文章，又是企业家，经营这个市里最豪华的宾馆。听说我们来了，要求我们回城时来会会"老舅家"的人。他另一个儿子在村里务农，先领我去看他的老父亲。

到了阿卜拉欣老人家，老人和他老伴，还有几个小孙子都在。

赠给东干族老人
阿卜拉欣的书作

大家一起聊了聊他们的过去、未来。他们搬到二道沟以后经常想回中国的老家，2007年终于如愿以偿。阿卜拉欣老人回到了中国。他先到北京，到了天安门，看了长城。遗憾的是"没有去看毛泽东"（指没有参观毛主席纪念堂）。然后他来西安，到了清真大寺，登了城墙。又到兰州，再去宁夏、银川，整整跑了一圈。他还想回"东岸子"，但腿脚不行了，身体不允许了。

我热忱的邀请他，"咱是亲亲的乡党乡亲，你们啥时候回来，我们啥时候都会欢迎你。"我送给他们家一幅自己的书法作品，写的是习近平主席访问吉尔吉斯斯坦讲话时引用的中国古诗：海内存知己，天涯若比邻。我给老人说，不管你们走得多远，就是天涯海角，咱们都是朋友，都是乡党，都是邻居。他眼睛笑得眯成两条线，连声呼应：是呢是呢，咱们是近近的亲亲的邻家吆。

他们在家里几代都说陕西话，在学校和社会，则用俄语和吉尔吉斯语。村子里此刻正在文化室开会，筹划东干人迁移吉尔吉斯斯坦140年纪念活动。外地东干人的代表也回村了，其中有国家议会的议员阿不杜瓦，有国家电视台的记者阿黑玛。可以感到

结婚还是中国风俗，新婚子穿的是清末服装

东干族在吉尔吉斯斯坦还是很有尊严、很有地位的。这个地方一直是牧区，很少有人会种蔬菜、种果树、种庄稼，是他们改变了这里的农业生产结构，给这个以牧业为主的地区带来了种植技术，带来了先进的农业文明。

从二道沟回城里的路上，车队又沿伊塞克湖畔而行。这个湖有160多公里长，60公里宽，六七百米深。阳光下的湖面闪烁着一层层碧蓝的水光，晶莹剔透。湖边有现代化的露天浴场和旅游宾馆。游客们在阳光下展示着自己健康的肢体，孩子们在沙滩上嬉戏笑闹。玄奘1400年前来过这里，曾在《大唐西域记》里描写过伊塞克湖。他笔下的湖面"望之淼然""无待激风而洪波数丈，色带青黑，味兼咸苦，洪涛浩瀚"。现在真是大不一样了。

我们还去看了伊塞克湖北岸的乔逢阿塔岩画群，乔逢是启明星的意思，阿塔是父亲的意思。和中国宁夏贺兰山岩画基本同时期，它是否暗示在更早的时候，这条联结东西的丝路就有了交往的雏形呢？

正这么想着，天空突然之间就下起了大雨，并且很快转为冰雹。苟谷豆大的冰粒像枪林弹雨扫过一块块苍老的岩画石，四五千年的历史有若瞬间烟雨，从心头掠过。

（三）

哈萨克斯坦江布尔州东干村的安胡塞，在陕西很有知名度。他的祖先是1877年冬，为了躲避清兵追击跟随陕甘回民起义领袖白彦虎从陕西来到中亚的。

安胡塞自1994年第一次回到陕西，就开始寻找自己的祖籍。曾先后到过陕西的大荔、澄城、临渭等地，寻而未果。2003年10月底，安胡塞再次来陕寻祖，在研究东干族的陕西师大教授王国杰带领下，终于在西安长安区王曲镇一个村上找到了自己的本家姑姑，一位82岁的姓安的老太太。在安老太太拿出的家谱上，安胡塞找到了他爷爷弟兄二人的名字安兴虎、安兴皇，证实了哈萨克斯坦"陕西村"的来历。

安胡塞是一位行动主义者。近年来他频繁往来于丝路，先后从陕西引进了制砖机、饼干、油漆设备生产线，办起了相应的工厂。从陕西引进了温室大棚技术，成为中亚第一家拥有此项技术的农庄。现在哈萨克斯坦培植的蘑菇，最早都是从"陕西村"购买的菌棒。去年，他还协助陕西经销茯茶的一家公司，组织了100多头骆驼的商队，跑中亚丝路，力争为村里引进了种茶制茶技术。

从2000年开始，针对12万多东干人只会说不会写汉字的情况，安胡塞群体还多方面联系，组织中亚"陕西娃"回老家学习汉语。目前，已有近百名"陕西村"少年分别在陕西师大、西北大学、兰州民族学院和西安博爱国际学校学习汉语及其他专业课程。他们回国后为汉语在东干人中的传承和发展做了很大贡献。

2008年4月7日，在安胡塞的引线搭桥下，陕西省与哈萨克斯坦江布尔州共同签订友好关系协议。现在西安已经有了哈萨克斯坦东干协会代表处。

中华文化本来就是由本土文化和海外华人文化叠交而成的。海外华人文化既将中华本土文化扬播于世界，也将人类文明的优秀成果传递到国内。撒播在世界各地的华人群落，像是亚欧大陆桥的一座座桥墩，将中国与世界联为一体。

中亚的东干人，现代丝路打前站的人。感谢你们，我们的好乡党！

2016年10月16日，于塔什干至撒马尔罕途中

○丝路万里行之

重走玄奘之路......

幽秘的撒马尔罕

离开乌兹别克斯坦首都塔什干，车队即将穿越克孜勒库姆千里大沙漠的南沿，地处河谷的撒马尔罕可以说是它的入口。撒城给人一种幽秘感，它不让你明晰地看到自己的面孔，而将美丽藏在那幽深的纱巾后面。那些传奇般的美丽故事，在我心里种下了无可言说的神奇和幽秘的回忆。

2016年10月16日傍晚，车队进入古城撒马尔罕。我已经是第二次来这座城市了。撒城那些传奇般的美丽故事，在心里种下了无可言说的神奇和幽秘的回忆。

夕阳西下时分，竟然有几对新人在古建筑前拍婚纱照。西斜的阳光给白色婚纱撒上一层金粉，恰是天庭赐予的礼金。新人们幸福地笑着，和拥上来祝福的人合影。撒城的幽秘感瞬间便复活了。

这是上次西行我们多次见过的场面。不只是本城人，许多外地的甚至于外国的人，也风行到这儿来拍婚纱照或者举行婚礼，为的是什么呢？当然为的是撒马尔罕有让人难以忘怀的幽秘之美，有难得的安宁和实现幸福期许的吉祥。

晚饭后天黑下来。一扇扇彩色的窗灯在夜幕中亮起，在深蓝的夜空中眨巴着眼向你问好。风在树中徜徉，絮絮叨叨地说着私房话。城市敛尽了白天的喧闹，以罕有的安详宁和营造着静夜的氛围，好让月色灯影背后那些幽秘的故事和人物登台、出场……

"撒马尔罕"，意为"肥沃的土地"，是生长故事和幻想的土地，是生长美丽和爱情的土地。但是，你可知道它也是苦难与血泪的土地？可知道它有着怎样铁血锻造的历史，有着怎样的撕心裂肺和浴火重生，有着怎样的信仰和灵魂活生生的撕裂？

作为丝绸之路上重要的枢纽城市，自古以来，撒马尔罕先后连接、辐射着马其顿、波斯、印度、蒙古、中国几大帝国，各大帝国轮流登上历史舞台角斗争锋，演绎着风云变幻，后来则全部被覆盖在成吉思汗蒙古帝国的版图之下。撒马尔罕饱受了在强者的拉锯战中像揉面那样被反复蹂躏的苦痛，却也让许多不可一世的帝王在这里沉沙折戟。

这个中亚古城，最早的记载可以追溯到公元前 5 世纪。据说

是善于经营的粟特人把撒马尔罕建造成了一座美轮美奂的都城。当马其顿帝国的亚历山大大帝攻陷它时，也不禁赞叹："我所听说到的一切都是真实的，只是撒马尔罕要比我想象中更为壮观。"

马其顿的入侵者遭到了撒马尔罕人殊死的抵抗。粟特贵族斯皮塔米尼斯带领骑兵伏击了入侵的一支军队，仓皇退却的来犯者困在河中，粟特骑兵冲入水里把他们砍死。有记载说，在这场战役中马其顿人损失了2000名步兵和300名骑兵。从未有过败绩的亚历山大大帝立即派出庞大的军队扫荡了这一地区。沦陷的撒马尔罕遭到了地毯式洗劫和屠杀。

惨遭杀戮的创痛，使粟特人的性格转向刚勇甚至凶悍。唐初，西行的玄奘路过撒马尔罕时，令他惊叹的已不只是这里的肥沃和富裕，更有粟特人的勇烈。他在《大唐西域记》中写道："赭羯之人其性勇烈，视死如归，战无前敌。""赭羯"即是当时对撒马尔罕人的称呼。

丝路云谭 ▶▷

撒马尔罕的列基斯坦经学院广场

1219 年，撒马尔罕作为花剌子模帝国的新都和文化中心，被成吉思汗的蒙古帝国攻陷，美丽的撒城又一次遭受了灭顶之灾。平民百姓很少幸免，城市建筑夷为平地。

就在这块鲜血浇灌的土地上，帖木儿诞生了。这个与成吉思汗有着某种亲缘关系的人，这个瘸着一条腿的异才，勇敢地带领他的子民走出蒙古文化的覆盖，逐步实现了突厥化，并最终赶走了那位征服过天下的可汗。

被蒙古人诬为瘸子和叛徒的帖木儿，率领大军横扫波斯、印度、高加索、阿塞拜疆和蒙古。他将各地劫掠来的珍宝聚集在撒马尔罕，集中各地最精巧的工匠，为撒马尔罕修建辉煌的宫殿和清真寺。他发誓要让这里成为亚洲之都。那种魄力，你怎么想象都不会过分。

像这块幽秘的土地一样，刚毅勇猛的帖木儿也有着他复杂而幽秘的一面。他敢于不按规矩出牌，废除了行为不端的王储而让第三子即位。后来的事实证明他是对的，因为正是这位老三——兀鲁伯国王，把爷爷的丰功伟业推向了新的高度。

而这位兀鲁伯也有他的幽秘之处。他是个优秀的国王，把国家管理得很好，可又十分喜欢诗歌、艺术，尤其痴情于天文学，以致他主要是以天文学家的身分留在了历史上。现在兀鲁伯在撒城的塑像，背景画着的不是辽阔的国土，而是无垠无际的苍穹和

星月。当年他以自制的六分仪测定的许多星座，与现代天文望远镜测定的相差无几。他创建的新历法对年月日的定位，也和当代大致吻合。这使他被公认为古希腊之后世界上十分重要的天文学家。

帖木儿家族性格上的这些多面性、丰富性和幽秘性，这种血与爱、厮杀与诗情、英雄气度和艺术情怀多面融汇而又统于一体，看似幽秘神异、难于把握，其实是完全可以将它读为大气宏博的。大气宏博方能随心所欲。

这块战胜了成吉思汗的英雄的、刚勇的土地，这块诞生了像《天方夜谭》那样有着非凡想象力和神话构想力的土地，大概你怎么都想不到，它同时又是一块有着少见的商业智慧的土地。的确，从经商做生意的角度，粟特人大约是丝路上最活跃、最智慧的民族了。

粟特人一出生，父母就会在他们手心涂上蜂蜜，祈望所有的钱都能黏在自己孩子的手上。孩子们长大后果然不辜负父母的期待。丝绸之路开始兴盛的唐代，长安到罗马的商道日益繁盛，撒马尔罕城很快便成为连接东西文化的核心驿站。经粟特人之手，甘松香、阿萨那香、瑟瑟、麂皮、氍毹这些奢侈品从西方运至长安，

又将中国的丝绸卖到叙利亚的海港，转用骆驼队运到君士坦丁堡，换来不计其数的金银财宝。

他们把生意做到了大唐。贞观九年，粟特商人献给李世民一头凶猛的雄狮，四个月后，来到长安的撒马尔罕使臣给皇帝献上的是晃眼的金桃和银桃。从此李世民对粟特商人大开绿灯，允许他们从长安东进扬州，南挺广州、安南（今越南）。

商人工于算计而不敢横刀立马，英雄献身疆场却不屑锱铢必较，可是这群独特的粟特人，心中回响着市场的叫卖，血管里流淌着的是战士的血！精巧的商业智慧和宏大的英雄理想在他们身上的融汇，竟然如此这般天衣无缝！

一连串的意外，一连串的变异，一连串的多向辐射和多维交汇，这恐怕便是古老的撒马尔罕神秘活力之所在吧！他们执着于从异域文化的笼罩下走出来，但是对异域文化的优秀成果又抱着一种开放的态度，善用异域文化的优秀因子营养自己，甚至改变自己。

不按常规出牌，游走于事物的两面，在一种两极震荡的效应中获得前进的力量，也是这片土地的幽秘之所在。它总不让你明晰的看到自己的面孔，而将自己的美丽藏在那幽秘的纱巾后面。

○丝路万里行之
重走玄奘之路⋯⋯

084

2016 年 10 月 17-18 日，于撒马尔罕至希瓦途中

抓住丝路上的文化符号

从撒马尔罕经布哈拉到希瓦，在克孜勒库姆沙漠南沿的几个古城，你能遇见一些有意味的文化符号、文化细节，它们饶有深意地显示出丝路各国文化乃至人类文明的相似性和相通性。发掘其中的内蕴并将它们连接起来，便形成了一条精神路标，丝路也会在文化精神上落了地生了根！

丝路云谭 ▶▷

行走在丝绸之路上，冷不丁会发现一些文化符号，像精神路标那样标记着人类文明在交流中形成的相似性和共同性，在漫长而遥远的丝路上，给你提供了一种沟通的渠道和路径。尤其是民间日常生活中的那些文化符号，更让你生出一种贴近和温馨，就像你在别人家里看到了和你家一样的家具和摆设。

两年前，我随丝路万里行车队来到乌兹别克斯坦的撒马尔罕，在列基斯坦广场经学院楼下的一个旅游品商店，见到过三件一套的陶制工艺品，一个是中国的貔貅、一个是印度的大象、一个是中亚的骆驼，当即眼前一亮，心里有根弦咚的一声被敲响，然后是嗡——，长长的共鸣：那不是中华文化、中亚文化、印度天竺文化三大文化在古丝路上交流、互融的一个象征和物证吗？

两年后，我们丝路万里行的车队第二次来到列基斯坦广场经

事隔两年，见到了两种"三套件"，印证了
丝路上三大文化的交流

格斯杜温陶瓷厂生产的中国龙

学院。一下车我就去寻找这三位久别的朋友，果然又看到了站在
一起的这哥儿三个！但已不是上次那一型号的陶制品，而是另一
种规格的另一批产品，色彩较深，造型也略有区别，即刻花30美
金买下，我要将它们摆在我书房的案头。

　　第二天，在去下一站中亚古城布哈拉途中，参观了格斯杜温
陶艺厂。在展厅中竟然看到了各式各样的中国龙，三头的，舞成
三折的，卷成圈式的，昂首翱翔的。还有一群中亚人在中国龙身
上骑成一个圆圈，咧着嘴高兴地笑着。我从各个角度将它们一一
拍下来，久久不忍离去。陪我们的当地陶艺家阿不杜拉笑着说，

中国龙，它们来自你的家乡！我也笑起来，一股热流在我们的笑容和目光中传递。

　　这些有关丝路文化交流和中华文化在丝路上传播的工艺品，从一个侧面显示了三大文明在丝路的交流融汇早就是一种历史存在，而且一定程度上已经转化为当下的行为和活态的记忆。也说明了，世界古文明的这种交流，正

布拉哈入住宾馆门前的阿凡提铜像

在进入当今市场，具有了市场价值。要不然，怎么会有那么多厂家持续地生产着呢？

　　下午五时，到达《天方夜谭》著名故事《阿里巴巴和四十大盗》的故乡布哈拉。没进宾馆便在门前的广场上看见了骑着小毛驴的阿凡提塑像。哈——阿凡提，又一个丝路文化符号。

　　在丝路上，这位头戴小花帽，骑着小毛驴，走到哪里把笑声带到哪里的小老头儿阿凡提，几乎一直如影随形跟着我们。从我国新疆一直到中亚、中东和土耳其，这位传说中的民间智者简直家喻户晓。只是语言不一样，称呼有所变化而已，在中国他叫阿凡提，在乌兹别克斯坦、哈萨克斯坦一带他叫纳斯尔丁·阿凡提，在高加索、伊朗一带他叫毛拉·纳斯尔丁，而到了土耳其，他又叫纳斯尔丁·霍加。"霍加""阿凡提"都源于突厥语，指导师、先生、有学问的人。"毛拉"是阿拉伯语的音译，是"主人""保护者"的意思。

　　我们原先只知道，这位快乐的民族达人出生于新疆吐鲁番葡

萄沟的达甫盖村。那里有阿凡提的故居，石碑上介绍他活了99岁。我国还先后用汉文、维吾尔文、蒙古文、哈萨克文、藏文五种文字出版了《阿凡提故事》。

而据说早在16世纪末，土耳其著名作家拉米依就把阿凡提的笑话整理成《趣闻》一书出版了。在乌兹别克斯坦的布哈拉和阿塞拜疆的巴库、大不里士，也发现了阿凡提的游历故事。怪不得这可爱的小老头被誉为"世界民间艺术形象的顶尖级人物"。

两年前，我还参观过土耳其安卡拉附近的阿凡提墓。据说这墓地是根据阿凡提最后一个笑话设计的。坟墓悬空建在四根柱子上。柱子四周没有围墙，可以随便出入，却在大门上锁了一把锁。阿凡提智慧地告诉我们：朋友，理解我的人，就请自由出入和我对话吧；不懂得我的人，你永远别想打开我这把锁。百分之百的阿凡提风格！

阿凡提不竭的生命力，反映了底层老百姓在改善自己生存状况的奋争中共有的一种心理需求。那是以弱势制胜强权、以反讽制胜说教的独特的民间智慧，是以文化智慧获取胜利、实现追求的独辟蹊径。

丝路上还有更高端更精英的文化符号，那便是纸。中国纸，蔡伦纸。纸张的传播是古丝路贡献给人类的一项重大的文化成果。唐玄宗时，安西都护使高仙芝的部队与大食国的突厥部队有过一场大战，战场就在撒拉尔罕东北方向的怛罗斯（现属哈萨克斯坦）。这可能是强盛的大唐遭遇的第一次大败仗。唐军败溃而逃，有十几个随军造纸工匠被俘虏。这些工匠留在了中亚的土地上，五六十年后，大食国出现了自己的造纸作坊。

中亚对中国纸进行了中转传递和再创造。在不到300年的时间里，他们以"撒马尔罕纸"的名称，经由中东和土耳其，将中国纸传播到了欧洲。先是南欧地中海沿岸的意大利、西班牙，再扩展到全欧洲，逐步替代了那里的羊皮纸，极大地节约了文化交

流成本，加快了文化传播速度。其时正值欧洲文艺复兴前夜，马克思曾指出，中国纸一定程度上起到了促进欧洲文艺复兴运动的作用。这真是得益于丝路沿线那种开放的、多维的文化结构。

在丝绸之路上，这样的文化符号很多很多，不但沉淀于历史之中，也会不断在今天和今后陆续地发生，一批又一批成为丝路文化新的热词和新的景观。400多年前居住于撒马尔罕的撒拉尔族的一部分，由中亚楚河东迁至中国黄河，传承繁衍成了今天中国青海省的循化撒拉族自治县；140年前中国回族的一部分由黄河西迁楚河，在中亚几国落地生根，形成了那里的东干族——这些为人乐道的民族迁徙的历史故事，由于"一带一路"的兴盛正在由过去时转化为现在时。令人欣慰的是，今天这两个民族都正在热心地为"一带一路"的"五通"打前站、效实力。

七八百年前，花拉子模人截断大月氏，而使这个部落向南流徙，最后在印度次大陆湮灭于苍茫岁月之中。今天，中国和乌兹别克斯坦两国的考古研究人员正在撒马尔罕一带寻找大月氏的脚印，中国国家主席访问此地时专门会见了两国的考古队。"大月氏"也便日渐进入当下舆论的视野，成为融通现代丝路的一个热词，一个新的文化符号。

寻找丝路上更多的文化符号、文化细节，将它们连接起来，形成一条精神路标，让丝路不仅在经济上生利、社会上生益，而且在文化精神上落地生根！

2016年10月19日，于撒马尔罕至布哈拉途中

寻找札斯雷克

·
·
·

两年前我们的车队在这附近遭遇到一次风险：因为加不上油而瘫痪在沙漠之中，曾经引发了多方的援助和国际舆论的关注。现在重又来到此地，我寻找着那些应该还在的场地和场面，那些永不褪色的记忆。

在乌兹别克斯坦的克孜勒库姆沙漠中跑了几天，我一次一次温习着一个词：无垠。

在地平线尽头展开过来的大地，是一张硕大无边的纸，在这张无边的纸上，以遥远的远方的一个目标为基点，辐射性地画出了四根笔直的线条，那是被公路的终极目标断开的两条地平线和两条公路的边线。天地之间于是夹出了三个三角形，相交于无尽的远方。

左边是无尽的大地，右边是无尽的大地，中间是无尽的路。车队如连发的一串箭矢，射向远方。有时一个弯道会在大地上画出一个弧，因了车队和尾灯的装饰，那个弧格外有力度，格外美。

过了无垠的红沙漠，又过无垠的黑沙漠；开始沙漠中还有干枯的沙生植物，后来便什么都没有，尽是沙，尽是沙。间或穆尔河或是无名的沙漠海子，会在远方悠悠或幽幽地那么闪一下亮光，

2014 年在乌兹别克斯坦克孜勒库姆沙漠遇阻

丝路云谭 ▶▷

旋又躲了起来。它让你在荒漠中有了温柔的牵挂。几天中,不是黎明前的黑暗送别我们,便是夕阳后的星空迎接我们。

这就是无垠,这就是洪荒。

但我的心并不荒凉,我在热望着再度路过札斯雷克,看看那前年住过一夜的荒原小店,看看那群无家可归的野骆驼,再回味 次那难以忘怀的经历。

2014 年夏天,我们丝路万里行的车队在离开努库斯后,连续三四个加油站因油改气而无法加油,整个车队的十多辆车瘫在沙漠公路旁边,瘫在高温 50 摄氏度的荒原中。为了安全,一部分老、弱、妇和前路有任务的战友,先乘当地调来的交通车去百公里外的一个叫札斯雷克镇的路边小店休息,十多位精壮小伙、即每个车的主驾,则留下"与车共存亡",等候救援。这救援最快最顺利也得等到从五六百公里的首都塔什干赶过来的送油车。这次油荒的险情我在《丝路云履》一书中已经写过,此处不再多说。

札斯雷克的这个小店一共九间平房,每房可住三至五人,餐厅、小卖部一应俱全,算是差强人意。当时我们这些来到小店的先行者,为留在废弃加油站的同伴操心,哪能睡得着?记得我是早晨四点半左右一个人跑到荒原上去看野骆驼群，并拍到了荒原日出的。早晨八点多，加上了油、彻夜未眠的战友们才赶到小店和我们会合。他们从车上下来一个，我们拥抱一个，那种热情，是只有经历了危难的战友才有的感情！尤其是先期到达的我们几个女主持人，那拥抱之深情任谁也会终生难忘，以至有的小伙子幽其一默：哦，上帝，真想再有一次油荒，再有一次这样的拥抱！

我急切地看着车窗外，将一掠而过的荒原景色，一段一段与我记忆中前年那些镜头对证，好几次惊叫：就是这里！结果都失望了。札斯雷克镇地方很大，不止我们住过的那一个店呀！

越走越失望，越看越失望——因为我们渐渐走在了一条新路上。新路是双向四车道，准高速的设计，正在修建中，断断续续。车队不得不在新旧两条路上换行。这条路全长近千公里，是40亿美元的投资项目。德国中标后，转包了一段给韩国。根据这条路原规划的用途，本来设计的是跑载重30吨的货车，但乌兹别克斯坦引进的中国产载重卡车却可以载重50吨以上，于是修改规划，提升路基路面档，又增加了20吨的载重量。在引进的中国重卡中，就有陕西重卡和红岩重卡。这让车队的陕西人很有几分得意，大家都抢着拍下陕西重卡在万里之外工作的镜头。

有了两年前缺油的教训，这次车队专门带上了一辆加油车。途中加油时，大家会拿出上顿没吃完的面包、烤饼，围个圈蹲在路边共享。这让此行少了许多意外的忧虑。

只是看不到札斯雷克！

加完油，前行不久，一个大型工厂的建筑群从地平线浮现出来。在如此不毛之地，怎会有如此规模的工厂群？地接导游告诉我们，这是苏联建设的一家采集、提炼浓缩铀的大型工厂，由于有辐射危险，原来相当一部分工人是服刑者和流放者，要不是苏联解体，他们会终生待在这里。此刻太阳已经落山，在沙石和蓬蒿覆盖下的荒原，温度已经降低到零下。地接导游的介绍让我唏嘘不已，

2016 年在新疆南部遇阻

世态何等炎凉，个人命运又何等不可预测，我想起了苏联作家亚历山大·索尔仁尼琴写的《古拉格群岛》，鲍里斯·帕斯捷尔纳克写的《日瓦戈医生》两部长篇，当然更想起了俄罗斯帝国时期的大作家列夫·托尔斯泰的长篇小说《复活》，想起他笔下的聂赫留朵夫和玛丝洛娃，在流放西伯利亚途中的种种告难和辛酸。

只是依然看不到札斯雷克。

看来，恐怕是车队走新铺路面时错过了老路上的小店！遗憾中，我想着要写一点文字，纪念一下寻找荒原小店的急切和失落。我想通过自己一路的企盼一路的错过，说明一个意思：对向前的车队和行人来说，人生没有后路，也没有原路。你永远走在曾经走过的路的前方，很难回到过去，回到原点。不是因为遗忘，而是因为发展。人类社会的发展使大地不断出现新路，也将走过的路改造成了新路，更让我们心中不断出现新路，新思路，新憧憬，新体验。正是这一切，不断构成了人生和社会发展的新风景！

札斯雷克小店，札斯雷克小店，你在哪里？天黑了，在黑夜中还有找到你的可能吗？错过了今天，会不会错过终生？

入夜九时，天黑尽后，突然有了意外的转机，车台传来地接导游的声音：车队今晚在札斯雷克驻扎，到了！

哈，我第一个跳下车，想验证它是否是两年前我们到的那个小店——熟悉的小平房，熟悉的小商铺，熟悉的像炕一样的餐厅，熟悉的七八个房间！一切都与记忆相吻合！而最确切无误的验证，

凌晨五时，第二次来到札斯雷克小店的三位"丝友"和店主合影："志合者，不以山海为远。"（乌兹别克斯坦民谚）

是我在小店"大堂"里发现了前年丝路万里行车队送给小店的木质丝路路桩。丝路沿线已经立下了几十个这样的木桩！它是我们中国车队、我们中国人的脚印和标记！

我赶紧请来了电视记者，边走边说这件事的前因后果，引着镜头从前厅到餐厅到房间，把小店拍了个淋漓尽致。还约定，明早要抢拍荒原小店的外景、拍丝路原野日出。最后我还对着镜头专门补了一段话：上次万里行的战友们如果有幸看到这期节目，我想告诉你们，我又回到了我们的亲爱的札斯雷克小店！杨文萌、任高峰、肖云儒，是上次38个战友中最早回来的人！祝福我们吧！

次日天未亮，又要起程。匆忙中我们仨还是记住了与小店主人、与万里行木桩合影留念。我也记住了赠送从西安专门给小店带来的书法作品，上面写着习近平同志访问中亚讲话时引用的中国古典格言："志合者，不以山海为远。"

○ 丝路万里行之

重走玄奘之路……

094

2016年10月21日，于乌兹别克斯坦过境哈萨克斯坦口岸

一个老汉五个"哥"

—— 记咱们的 7 号车

丝路云谭 ▶▷

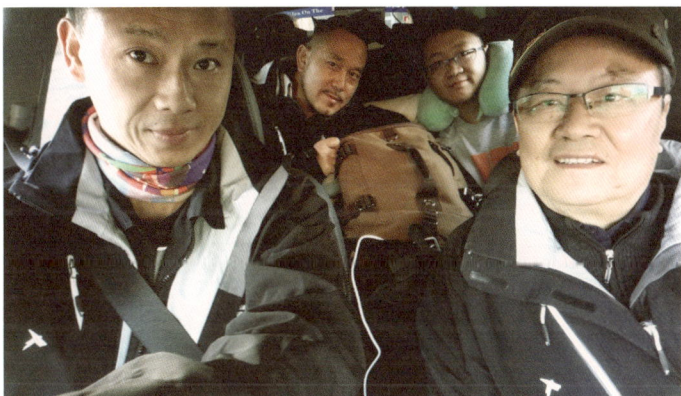

左起：飞哥、国哥、猴哥、老汉我

　　咱们的 7 号车，坐着一个老汉三个哥，中间换过人，加到一起便是一个老汉三个哥。我们来自四面八方，不同的性格、职业、出身、经历，在追寻玄奘的漫漫丝路上融汇成一个饶有趣味的小社会。我们有难同当，有饭共哐，有快乐一起享用，有困难一道克服。这个小家庭真是温馨，好温馨。

前年丝路万里行，我一直坐在 3 号车上，这次我们的车，是丝路万里行车队的第 7 号车。广汽三菱给车队提供了各种型号的车，以在丝路征程上全面测试和显示它们的品质。7 号车只有 2.0 排量，力量最小，空间最小，座位最低，是车队里的小个子，和我这个小个子搭配，倒也算得上是门当户对。

车里坐四人，三人基本固定，只是司机有时调整和变换。

"国哥"

第一个要说的是"国哥"。"国哥"本名孙健，是一位带领粉丝们虚拟旅游的网络大 V，网名叫"行走 40 国"，简称"国哥"。"行走 40 国"是他走到 40 个国家时起的网名，现在实际上已经走了 100 多个国家。他一年四季在地球上快乐地旅行，也带着"国粉们"在网上周游世界。

"国哥"的微博、微信、视频，每次点击动辄几十万上百万，一次旅行下来便是上千万。这次他与丝路卫视联盟在合同上签的是千万点击率，行程未过半已经达到一千三百万。他说力争翻一番，将点击率提升到两千万。听到这个令人晕眩的数字，我兀自矮了半截——我们这些搞文字的人，青灯黄卷、半死不活累出一本书，印数若能上万，已经是菩萨保佑了，上了十万，更是没有不得意忘形的。

"国哥"非常敬业，24 小时都处于一种工作狂式的亢奋状态，此话虽含调侃，却真的不是诳言。他有异于常人的眼光，总能发现新题材、奇画面、特角度，用最当下、最青春、最时尚的语言表述出来。他将手里那个自拍杆玩得出神入化，像赵子龙舞枪般娴熟利落、花团锦簇。吃住行娱购游，无不收入彀中。

每次停车，第一个消失的人就是他；每次出发，最后一个出现的总是他。车队一启动,他的"体验播报"马上开始:我是"国哥"，请跟"行走四十国"看世界。这里是我的"一带一路"行第

○丝路万里行之
重走玄奘之路……

三国……开播语用普通话、广东话、东北话连说三遍。一路上又执着地学陕西话来说这段开播语，我笑他说的怎么听都"很河南"，他说他是创造性地揉进了山东腔，还是斗志昂扬地播了出去。

才走三个国家，他一个人已经发了近 130 条微博视频，全是现场实录。他强调现场感、目击感，善于捕捉悬念，真是个骨子里的好记者。当报道了车队遇到的困难，他会预告：那么下一步这事解决了吗？又怎么解决呢？且听"国哥"下回分解……他的思维和表述都很现代，很青春，也很蒙太奇，非常吸引观众。

"国哥"常说自己年纪不小了，大家依然把他当小伙子。他很乐观，总能发现生活中的快乐，在自拍杆里做出各种各样轻松的 pose（姿势）。带一个很时尚的眼镜，围一个很时尚的围巾，没事就嗨歌。那些歌对我来说陌生而时尚，却每每被他内心的快乐所感染。他写过一本书《中国人为什么不快乐》，希望把艰苦的旅途变成发现快乐、传播快乐、感受快乐的过程，因此极受欢迎，成了青年人的好朋友。

"国哥"在广州电视台工作过，但觉得不能施展自身，便辞职北漂。在央视儿童节目干了一段，再度辞职。之后自己独闯江山，终于成为微信网络大 V。可不，人生的快乐在于进取，进取的人生是不断发现、享受快乐的人生！

"国哥"营销意识强，市场影响大，一路上会接到各地的电话，预约下一步的活动。他旗帜鲜明地将文事商品化，将自己当作一个品牌来打造。他出售自己的传播内容，也出售作为品牌的自己。传统文化人从中真会得到不少启发。

"飞哥"

我要说的第二人叫郑飞，是《陕西画报》采访部主任、著名摄影人。70 年代后期生人，年轻力壮，承上启下，理所当然被我们选为 7 号车车长。

郑飞是个有气场的人。高大、帅气、放松，十分本色，这就有了点风度。在生活中，大概属于那类可以依赖的男子汉。我曾经开玩笑说："郑飞，在行进的车队中，你要当头车，冲在前面开路；车队遇到麻烦时，你要当尾车，最后收拾摊子；而在摄影业务上，你得成为霸道车，百分之百敬业，百分之百自信。"这其实是我对70后、80后一代人的希望，也是时代加于他们这一代的责任。每逢大活动大场面，几十台摄影、摄像机簇拥着噼啪响个不停的时候，常常是郑飞在主宰场面：注意、好、看着这边，one two three！——Ok！这不就是整个时代要求他这一代人扮演的角色吗！

拿昨天来说吧，打起早赶到边境，过境乌兹别克斯坦—哈萨克斯坦两国口岸花了十个多小时，再赶500公里路，又是十个多小时。车队在路上泡了整整22个小时，郑飞一直作为主驾承担着最重的担子。我们一再让他休息，他总是说"我行，我行"。中间到后座上打了个盹，又回到方向盘前，直到凌晨三点。

他和我孩子是一茬人，是"哥们"。因为儿子有托付，对我时有照顾，有时镜头也会偏爱我一点。他在途中的一些照片，常常是"内销转出口"，倒是先发给儿子，再由儿子从国内转发我。微信让空间在差异中急速跳转，产生了强烈的蒙太奇穿越的幻觉。

我们车队里，郑飞这一茬人不少，都挑着重担子，像团长丰子恒，领队杨文萌，主播时冬瑾等等等等。从郑飞以及他这一代人身上，可以感觉到我们时代七八十年代这一茬人已经成长，正在走向成熟，逐步成为社会中坚。在实践和心理上，我们的社会又多了一副可以依赖的肩膀了。

"猴哥"

7号车的第三个成员是小侯，侯明昱，姓侯，大家都叫他"猴儿"在所当然。他是青海电视台的记者，全车队的"珍稀动物"——

唯一一个 90 后。90 后实在很难称"哥"，便叫他"猴儿"。90 后的"猴儿"却成天少言寡语，说起话来声很小，实在看不出多少"猴"劲儿。唯一的一次大声，是他给家里打电话，信号不好，对方听不清，反复问他是谁，他急了，大声喊：我是你儿子！让人笑出了声。

小侯不幸荣获了这个"猴儿"的称谓，一是因为姓，二是因为爱，小弟弟嘛。别看他悄悄地不吭气，车里车外的事，打杂跑腿，搬运行李，管理车钥匙，打扫卫生，都是他在默默地干着。这个小弟弟腿勤、眼到，被我们擢升为副车长，车长不在时，代行车长职权。货真价实的革命接班人！

车队这次给他一个任务，就是跟我坐到一个车上，作一些文化对话，好拍摄电视连续报道中的《丝路云履》话题专栏。一进入业务领域，沉默寡言的"90 后"就有了主体和主见。他能说出自己的想法，有时候也修正我的想法。

有次聊天，偶然提到哲学，小伙子出乎意料打开了话匣子，说他喜好哲学，曾经在图书馆里硬啃过德国古典哲学创始人康德的《纯粹理性批判》和《判断力批判》，一星期只读了八页。山东大学毕业，报考的就是哲学博上，后来阴差阳错到电视台当了编导。我们谈共同喜欢的作家杨志军，谈他作品的哲学内涵和生命内力。我们谈刘朗电视片的文化思考，谈诗人昌耀，谈燎原。后来又谈阅读的乐趣。我们都更喜欢纸质书，觉得电子阅读像是查阅电脑目录去借阅公共图书馆的书，那是别人的书。只有读自己书架上的书，知识好像才归自己所有。我还想说：天下的好风景虽多，大都是别人的风景，有时真不如自家门前的小街小巷，吃喝拉撒睡都在其中，才是自己的人生……

在这个早都把哲学挤到旮旯拐角的时代，哲学之光竟然如此点燃了一位年轻人的心，"猴哥"之幸呀，哲学之幸呀！

"东干哥"

在长途跋涉中，我们车里还短期轮换了两个从中国迁到吉尔吉斯斯坦和乌兹别克斯坦的东干族司机艾迪尔和白二山。他们祖上都是陕西"土著"，不需要翻译相互就能简单交流。为了文章的体例，姑称他们为两位"东干哥"吧。

艾迪儿这位小伙子，长得很标致，怎么看怎么有样子。中国人熟悉的面庞上嵌着中亚人的深眼窝。他在祖籍陕西读了好几年书，中文表述能力很强，给我们介绍了不少中亚的情况，而且能够用自己的观察和思索和我们作较有深度的交流，是那种有涵养、有知识的青年绅士形象。从他身上你能感受到东干族年轻一代的新面貌、新境界。

另一位白二山，已经六十岁了，汉语混搭着俄语、乌兹别克语，交流起来虽有一点隔阂，却无大碍。有几个词我在路上每天都会用陕西话问他，他都能爽快而又迅捷地回应。一上车，我说，吃了么，他说吃咧。我说，那好，咱跟前面的车端走（直走），他说好，咱端走。走了一段，我会问，瞌睡（睡）吗？他说不瞌睡（睡）。我说，要不要喝点非（水）？不咧不咧，看你操心的！话不多，几个字心里便有了默契。在塔什干，他带我们去郊区东干人的村子他家里。大儿子和他在一个院子里各占一幢两层小楼，小伙在陕西念过大学，很出息，是家公司的销售经理。白二山把他大哥、三弟两家全叫过来，男人陪我们聊，女人下厨，使我们对一个生活在域外的东干人家庭有了较全面的了解。

白二山开车千里，送我去乌兹别克斯坦西部的布哈拉，快到时，他不停打电话联系什么，原来他第二个孩子在布哈拉工作，中午在布哈拉吃饭时，儿子带着儿媳妇和两个孙女来了。爷爷对孙辈的关爱溢于言表，他抱着小孙子又亲又逗，活脱脱就是一位生活在古城墙根的"西安爷爷"！我们合了好几张影，每张他都咧着

嘴笑。

白二山让我看到了一个具体的人、具体的家族，从中华故土沿丝路西迁之后，在异国的土地上如何生存、繁衍、发达。你感觉到了人生的温度和生命的韧强。

老汉我

7号车的最后一个乘客，就是老汉我自己了。在一个征程万里的车队中，完全不会开车、只会坐车，又因为年长，处处优先，处处受照顾，这让我心生着天然的惭愧。其实，人活到了处处受照顾受优待的地步，是别有一种滋味在心头的。

大家都这么忙碌这么抢着挑担子，坐在副驾位置上的我，能干什么呢？只能从事简单劳动，端茶倒水当好服务员。内心的不安使我时不时地问司机：喝水吗？吃苹果？馕呢，要不？再有就是陪聊，怕旁边的司机瞌睡，怕他疲惫，得用各种各样的话题和司机聊。有时甚至殷勤到主驾郑飞有了感觉，说：你休息，不用有意找话题跟我聊，我能行，精力好着呢。我于是很愧疚的默下

丝路云谭 ▶▷

了声。过一会又开始了，聊天、倒水、倒水、聊天。这就是我在车上的主要工作：服务和陪聊，同时认真关注自己的身体，坚决不给车队添麻烦。我曾向车队随行医师王大夫表示，力争一路上一次都不找他挂号开方子，给医学做一个80岁老汉完全可以跑万里丝路的健康案例，回去好好谢他。他笑着拱手说，老爷子，那我得谢你！

赶夜路的时候，后面的两位是可以轮流打盹的。但副驾座上的我可不敢迷糊，一定要醒着，免得把瞌睡"传染"给主驾。所以——其实我也挺辛苦的，对不？从头到尾都得睁着眼，找话说呢。有什么办法呢，我年龄大，瞌睡少，忧虑又多，"舍我其谁"也？

我犯过一次错误，必须记录在案，以儆效尤。车队曾宣布严禁向车窗外扔任何垃圾，违者罚款100美元。不幸的是，之后的某次夜行中，我下意识朝外扔了个纸团，当即被后面的车发现，在车台中追问是谁，我当众承认，表示停车即交罚款。一度曾想将罚款发到手机红包中，让大家在争抢中振奋、娱乐一下，但哪有违纪律处分的严肃性，还是第二天早餐时郑重地将罚款交给了领队。

这就是我们的车队，我们的车。一个老汉五个"哥"，来自四面八方，不同的性格、职业、出身、经历，在追寻玄奘的漫漫丝路上融汇成一个饶有趣味的小社会，一个小小的"共产主义小组"。我们有难同当，有饭共咥，有快乐一起享用，有困难一道克服。这个小家庭呀，真是温馨，好温馨。

2016年10月22日，哈萨克斯坦里海之滨旅次

○丝路万里行之
重走玄奘之路......

102

骏马与琴

10月23日，丝路万里行团队，经过22小时的奔波，来到哈萨克斯坦最西部里海之滨的阿克套市。里海是世界上最大的内海，最大的湖泊，这可能你知道，但是它那让人惊异的、初见便不愿分手的美丽，你知道吗？

丝路云谭 ▶▷

2016年10月23日，丝路万里行团队，往过22小时的奔波，来到哈萨克斯坦西部里海之滨的阿克套市。

阿克套，好陌生的名字。它是哈萨克斯坦的第六大城市，是哈国里海海滨的第一大港，我却所知甚少。我属于有俄苏文化血缘的一代人。中学时，就可以说出苏共中央主席团委员的全部名字，还有20个以上苏联元帅的名字，俄苏地图更是烂熟于心。但没有任何关于阿克套的记忆。原来，它在苏联时期根本没有名字，只

阿克套市的广场雕塑《骏马与琴》

拥有一个信箱号码作为地址，是座无名之城、未名城。当时，它是苏联核工业和其他军事工业的基地，十分神秘。这就可以想见，远在前工业化时代的沙俄，这里更是荒凉不堪了。

它曾深深进入过乌克兰诗人舍甫琴科的生命。当年舍甫琴科因反对沙俄统治而被流放至此长达 12 年之久。苏联解体后，乌克兰和哈萨克斯坦独立，诗人重又受到极大的推崇。阿克套将舍甫琴科的雕像从他的故乡基辅运过来，作为民族独立精神的象征，安放在市中心的海滨广场。

"一座没有名字的城市和一个被流放的诗人"，便这样作为关键词，存入了我的记忆。

阿克套的城市广场上还有一座塑像，是一位英武的骑在马上的哈萨克勇士。这座塑像的特别之处是，勇士手里高高举起的不是戈矛，不是火炬，而是一把琴。他告诉你，骏马和音乐，是这座城市的精神标志。力与美，战斗与和宁，动如脱兔与静如处子，是这座城市、这个民族文化人格的两个侧面。

"这块土地的历史，就是生活在她上面人民的历史"。有感而发，我将自己写的这幅书法作品赠送给阿克套市博物馆收藏。这是哈萨克流传很广的民谚，习近平主席访问哈国讲话时专门引用过它。

入夜，我们访问了这里的一个中国企业——中石油西部钻探阿克套工程公司，副总经理王六新接待了我们。他和他的企业可以说是丝路经济带的先行者，在哈国工作已有 16 个年头。公司在里海边上打了十几口油井，经营情况一直很好。这两年由于受到世界油价下跌的影响，只剩下两三口井在正常运行了。中国工人大多数回国了，当地工人虽然活儿不多，还得给发补贴工资，公司的业绩不能不受牵累，面临着一些矛盾。王副总说这些情况时流露出些许的伤感。多年离乡背井，日夜操劳，不想迎来了如此严峻的挑战。 他表示，公司已经做好了应对各种困难的准备，正在全面改变观念，调整战略，特别要充分发挥中石油团队的技术优势和品牌优势，主动寻找新的市场。对内则狠抓开源节流，降本提效。

从总格局看，目前中国企业在哈萨克斯坦的形势依然不错，中国技术品牌依然占有优势。以西部钻探阿克套工程公司为例，当下中哈合作成功开展的项目就有阿拉木图州的莫伊纳克水电站、巴甫洛达尔铝厂、阿克套的沥青厂、哈—中西部输油管道、跨境天然气管道、哈中霍尔果斯边境合作中心等。

但部分行业的衰退的确给我们敲响了警钟。中企走进丝路经济带之后，既要全力争取共建共赢，也要有共担风险、共渡难关的准备。既要树立品牌的稳固形象，也要有适应

丝路万里行媒体团沿途使用的航拍器

市场变化的转向、应急机制。当然这只是暂时的，不久就会柳明花明又一村。哈国纳扎尔巴耶夫总统前不久提议，要尽快规划自中国边境跨越哈萨克斯坦全境的中哈铁路，连接由这里至俄罗斯、伊朗、阿塞拜疆各国的里海航道，贯通海、陆、空立体丝路，让丝绸之路上公路、铁路并行，跨越性地增加人流、物流的承载量——这提供了里海临岸经济再度振兴的极好的机遇。

既要骏马飞奔，也要琴瑟和鸣！这里琴瑟和鸣不只是指团结和睦，更是指社会经济各方面关系的谐和协调。

离开阿克套，我们乘上了古力教授号，横穿里海，去阿塞拜疆首都巴库。这是一艘万吨客、货混装船。万里行团队的十多辆车开进舱底，人住进客舱，在里海的风浪中航行近24个小时。里海一万多年前才由隆起的陆地最后与黑海隔断分离。里海的确像个海，面积比我国秦晋两省加起来还大，其实却是个内陆湖。由于它的内封性，里海内生物无法其他海洋交流，反倒留存下来许多远古的罕有的海洋生物，并形成了自身独有的海洋生态体系。但里海的风景却似曾相识，与我以前穿越波罗的海和日本海所见大致相同。阳光照耀下的蓝天白云、碧波银浪是那么辽远壮阔，令人神往，这时你又会赞叹，里海还真是一个海！

大家与古力教授号船员进行了交流和采访，大副法力斯说，我们是他遇到的第一个穿越里海的中国媒体车队。他请我们进到轮船中央控制室参观。为了留影，我像模像样的手操轮舵"驾驶"了一会——其实，这条船是电子操控、自动驾驶的。

巴库是座美丽的城市，风停浪息的里海有若镜面，映出它的倩影，所见多为欧陆风情。它是全球著名的石油之都，古代拜火教的多处遗址至今火焰长明，这正应了王朔一篇小说的名字"一半是火焰，一半是海水"。我们参观世界文化遗产少女塔时，发生了一段猝不及防的插曲：克罗地亚总统恰好这天正在访问巴库，马上就要来少女塔参观，周围已经布防森严。我们这群冒失鬼不

○丝路万里行之

重走玄奘之路……

里海夕阳

知情，竟然放飞了航拍器，这有可能拍摄到国宾的行踪，当即遭到警方的盘查，几台拍摄机器被扣押下来，团队也一度被区隔为几块。经我们耐心解释清楚之后，警方十分礼貌地将机器还回，并希望我们理解国家保安的职责，算是有惊无险吧！

在巴库近郊40公里的地方，我们又采访了一家中资企业：中建国际工程集团公司援建的奇兹达斯水泥厂。他们总部在上海，也是最早走上丝路寻求发展的中国企业之一。现在已经在俄罗斯、吉尔吉斯斯坦、乌兹别克斯坦、哈萨克斯坦、阿塞拜疆乃至于印度尼西亚、土耳其等国成功援建了多家大型水泥厂，产量、技术领先世界。巴库这个厂子，三年前是用附近瑞士援建水泥厂的水泥来修建的，三年后，日产量已达到5000吨，远远超过了瑞士那座水泥工厂。

奇兹达斯水泥厂已经全面投产，在整个高加索地区规模最大、产量最高、质量最好。中方负责建设，建成后则交付对方，对方采用国际招标遴选管理者。对中方来说，这种一次性的投资，结算有保障，周期短，风险小。项目经理唐弢非常高兴地接受了我们的采访。

中国建材国际工程集团是世界500强企业中建公司的主要业务公司，业务遍布全球各地。主营业务为玻璃、水泥、陶瓷等建筑材料，是国家重点高新技术企业，在国际上处于领先地位。董事长彭寿还是现任国际玻璃协会的主席。全球经济衰退也影响到他们，但不明显。产品的多样化使他们的市场渠道宽；实力加品牌效应，使他们抗风险能力强。

丝路经济带的建设正在深入，在前几年鼓励"走出去谋发展"的基础上，急切需要决策的科学化，防止盲目上马。一定要在实地调查研究的基础之上，对国内外的经济形势、目标国及其周边国的经济形势进行综合考量的基础上，有的放矢地做出科学决策。

项目实施全过程中要有强有力的法律支援，用法律来为生意

走访中国援建的巴库奇兹达斯水泥厂

护航。以国际视野健全"一带一路"上的法制建设，组建谙熟相关国法律和国际经济法规的顾问团队，中企走出去才有法律保障。

承接具体产业项目一定要谨慎，资本运营力度则可以更开放。许多走出来的企业感受到，最好尽可能做到产业资本与金融资本结合，不见兔子（可靠项目）不撒鹰（投资）。最受青睐的办法，是收购或注资当地成熟的知名品牌。这样社会风险、资本风险都比较小，董事会高层的变化也不致影响企业管理和生产营销的有效运行。

还是那句话，既要骏马飞奔，也要琴瑟和鸣。

车队又出发了，向着阿伊边境城市阿兹塔那，向着伊朗高原奔驰。不知何故，出境时有六位团员因电脑显示出问题，不能过境，我是其中之一。大部队连夜过境，入住小城阿兹塔那的伊朗一边，我们六个则在阿兹塔那阿塞拜疆这边住下来，夜里不由有了一点孤单，很久不能入睡，想起陈毅元帅写一江之隔的中缅友谊的诗，便改了几句来描写此夜的心情，那真是"君住关之南，我住关之北，梦中思签签不至，空有里海水"，"签"也者，过境签证是也。

2016 年 10 月 25 日，于阿塞拜疆与伊朗交界的边境小城阿兹塔那

思念何时剪断

•
•
•

　　来到巴库，我想起了六七十年前与这座城市有关的一个故事。不，它几乎没有故事，甚至从来没有被记忆。世界如此之大，历史如此之长，两个微不足道的年轻人，一段小小不言的思念又算得了什么呢！

　　很早就想写这篇文章了，在快到巴库之前的乌兹别克斯坦和哈萨克斯坦就想动笔，但那个时候对于我所要写的这一段故事脑子里是雾样的一团，全是想写而又说不出道不明的一些感觉，终于没有写成。接着便被旅途的劳顿和各种涌上来的新素材所淹没，终于便拖延到了今天。

　　快要离开巴库了。我一直想着如何写，又一直怀疑能不能把它写出来。它没有故事，主人公也没姓名和地址，它与巴库这座城市虽有关系，其实关系并不很大，而且那么遥远而又遥远，在现实中应该早被遗忘。不但会被历史遗忘，也会被仅有的几个知情人遗忘，甚至从来不被记忆，甚至从来没有形成记忆。甚至——但愿不是的——从来没有发生！

　　宏大的历史走向和渺小的个人命运之间，关系实在是微妙。

有时它们同步，像抗日战争中的南京大屠杀，那些死难者，覆巢之下安有完卵？卵与巢、家与国，共同着一样悲惨的命运。有时它们反向，像那些囤积居奇、发国难财的商贾，常常像寄生的罂粟花，在国破家亡的废墟上开出自己的有毒的花。历史微微的喘息，有时都会给一些人的命运带来十分偶然的突发性的转折……

　　我怎么会对阿塞拜疆的首都巴库如此念念不忘呢？那是因为超越了一个甲子的一段往事。那时我十一二岁，住在外婆家里，与几个舅舅一起上学。我上小学，他们上初中、高中。新中国成立之初，中苏友谊的气氛非常热乎，我们那一代人从中学起几乎全是学的俄语。国家还提倡大中学生和苏联的大中学生通信、交朋友，既有助于学习俄语，又有助于将中苏友谊和社会主义阵营的团结世代传承下去。这本来没有我们这些小学生、小皮孩的事儿，但我的四舅父当时是高中生，经中苏友好协会迁线搭桥，就在这时与一位苏联阿塞拜疆加盟共和国巴库市的女学生联系上了。他俩开始通信，头几封信四舅还给我们念过，不外是介绍各自的情况，

巴库即景

大谈中苏友谊，也互相炫耀巴库的里海和南昌的景色如何美丽，各自炫耀两地的历史文化。后来慢慢地就说到了个人，慢慢地四舅便不再念他们的通信了，开始遮遮掩掩，以至讳莫如深起来。只知道他们的通讯依然频繁，因为那时国外来的邮件是非常惹人注目的，而我主要是垂涎信封上的苏联邮票。

那时四舅大概十八九岁，高中三年级了，我十一二岁，我们这群十来岁的孩子便起哄四舅，要他公开秘密。我的外公也过问此事。四舅说：没有什么，什么都没有，一切无可奉告，矢口否认有什么格外之隐情。但我关注到，四舅开始爱照镜子了，用手

醮着水修饰自己生来就有点微卷的头发。他在否认他与苏联女孩的通信有"格外"之处时，分明可以感觉到他眼睛里有束火苗，闪烁着莫名的激动，或者还有一丝痛苦？长大后才知道，那就是被叫作"少年维特之烦恼"的东西。四舅极力掩饰的是"少年维特之烦恼"吗？说不清楚。

通信延续了五六年，到四舅成了大三学生，1960年初，中苏交恶，两国关系极速下降，一直降到冰点之下，甚至出现军事对峙。一天巴库又来信了，四舅读着读着，泪花在眼眶里噙着，几乎要掉下来。信封里附着对方的一张照片。这是不是他们第一次互寄照片我不得而知，但肯定是最后一张照片。那姑娘有着我们所稀罕的异域之美，俄罗斯族或者阿塞拜疆族的少女风情，更多的是中学生的清纯和真朴。我突然有了那个年龄段少有的严肃，同情的甚至有点怜悯地看着四舅，看着他那好像被灼伤了的表情。我似乎品味到了我们那个年纪不应有的愁绪，那是那个清纯年代难得有的清纯感情。

从此他们再不通信，从此杳无了音讯。四舅也从此有了好长一段青春期的忧郁。这次丝路万里行途中，我偶然提及这件"没

古力教授号轮船的大副
为丝路万里行媒体团的通关
文牒盖章

巴库风景线

故事的故事"，热心的全陪导游李永伟追问我，拍着胸脯说，如果能告诉他一个大致的姓名或大致的地址，他确信自己可以在巴库找到她！但是没有"如果"，那个姑娘叫什么？住在巴库的什么地方？后来怎样了？我一概不知，什么也说不出来……这段往事早就湮灭在二十世纪五六十年代连绵不断的社会运动中——湮灭在轰轰烈烈的历史烽烟之中，湮灭在日渐老去的生命和日渐模糊的记忆之中。四舅在十几年后成家了，二十几年后当上江西大学的教授了，然后，在 70 多岁的时候去世了。于是这个世界上似乎从来没有发生过这样一个故事，一个政治风云遽然改变两个年轻人命运的故事。世界是如此之大，历史是如此之漫长，整个这一段几十年的时光，对历史来说也只是白驹过隙的一个瞬间，也都会逐渐模糊、湮灭，何况大潮之中两个微不足道的年轻人，一段小小不言的思念呢！

入夜，我和同伴从宾馆散步到海边，身后的巴库熟悉而又陌生。这是座现代气息十分浓郁的古城，建筑的色彩反差十分强烈，倒映在里海晃动水面上是那么活跃绚丽，像是现代西方一度风行的用油画棒在画布上恣意涂抹出来的那种效果。脚下的海水从容地向无尽的远方舒展而去，黑夜给它盖上了温润的被子，就这样蹀躞着梦呓，悄悄地睡过去了。

我知道我重返此地几无可能，我要赶回宾馆记下一点文字。那一段遥远的回忆该在今夜永远永远埋葬于巴库的里海之滨了。

2016 年 10 月 30 日，阿塞拜疆巴库旅次

丝路云潭 ▶▶

黑袍与玫瑰

●
●
●

几经曲折来到了德里兰。德里兰大街上随处可见穿着硕大的黑袍的妇女，也随处可以看到玫瑰花。红与黑互为映衬，构成一种诡秘的色彩暗示。

在伊朗妇女身着黑袍虽然并不带强制性，但在有伊斯兰信仰的地区却早已成了一种风气；而玫瑰则是伊朗的国花。如果说黑袍多少暗示着某种神秘、某种隔离，那么玫瑰则明示着一种温馨、一种期待、一种沟通。两种信息对撞着，却又如影随形地组合在一起，伊朗便给了我们新异的感受——恰如在晚风中，你前面缥缈着三、五袭黑袍女士，遽然回过头来，黑纱红唇，粲然一笑。也恰如一辆车追上我们车队，车里的年轻人摇下车窗，欢呼着"秦那秦那"（"中国中国"）。你就明白了：黑袍已由隔离转化为千百年来的文化认同，而玫瑰则是生命激情的绽放。

德黑兰在我心中从来不是家常的。

很小的时候我便知道了德黑兰，一接触"德黑兰"这三个字，便神使鬼差地把那个"德"字去掉了，记成了"黑兰"。"黑兰"——墨兰、墨菊，还有伊朗国花玫瑰中的黑玫瑰、墨玫瑰，那都是花

○丝路万里行之

重走玄奘之路……

116

中的淑女，花中的李清照，是最雅的雅品，最秘的秘品呀。这让我对德黑兰有了一丝语义上的遐想，那是波斯女子黑袍掩映的深不可测的美丽，是褐灰色、淡蓝色眼睛里湖水般荡漾着的美丽。

在中学和大学时代，我又看过德黑兰电影节的一些影片，这个电影节比较集中讲述了波斯和伊斯兰文化的故事，便更加剧了德黑兰的各种神秘之美的印象。

大学期间读的伯佐尔格·阿拉维的长篇小说《她的眼睛》，第一次改变并且提升了我对这个城市的印象。这部小说由恋情写到二战期间的国际政治。原来黑玫瑰般的德黑兰，曾经这样深地卷进了世界风云，牵动着几个大国的神经。它不但在世界政治舞台上不断发声，而且音量不小，有着许多精彩的对白和独白。

这次我们在进入德黑兰的过程中又恰好多有曲折和变数。在口岸，因为电脑显示不出护照的数据，有六位团友不让通过，我亦在其中，被滞留在口岸的阿塞拜疆一边。第二天导游李永伟只

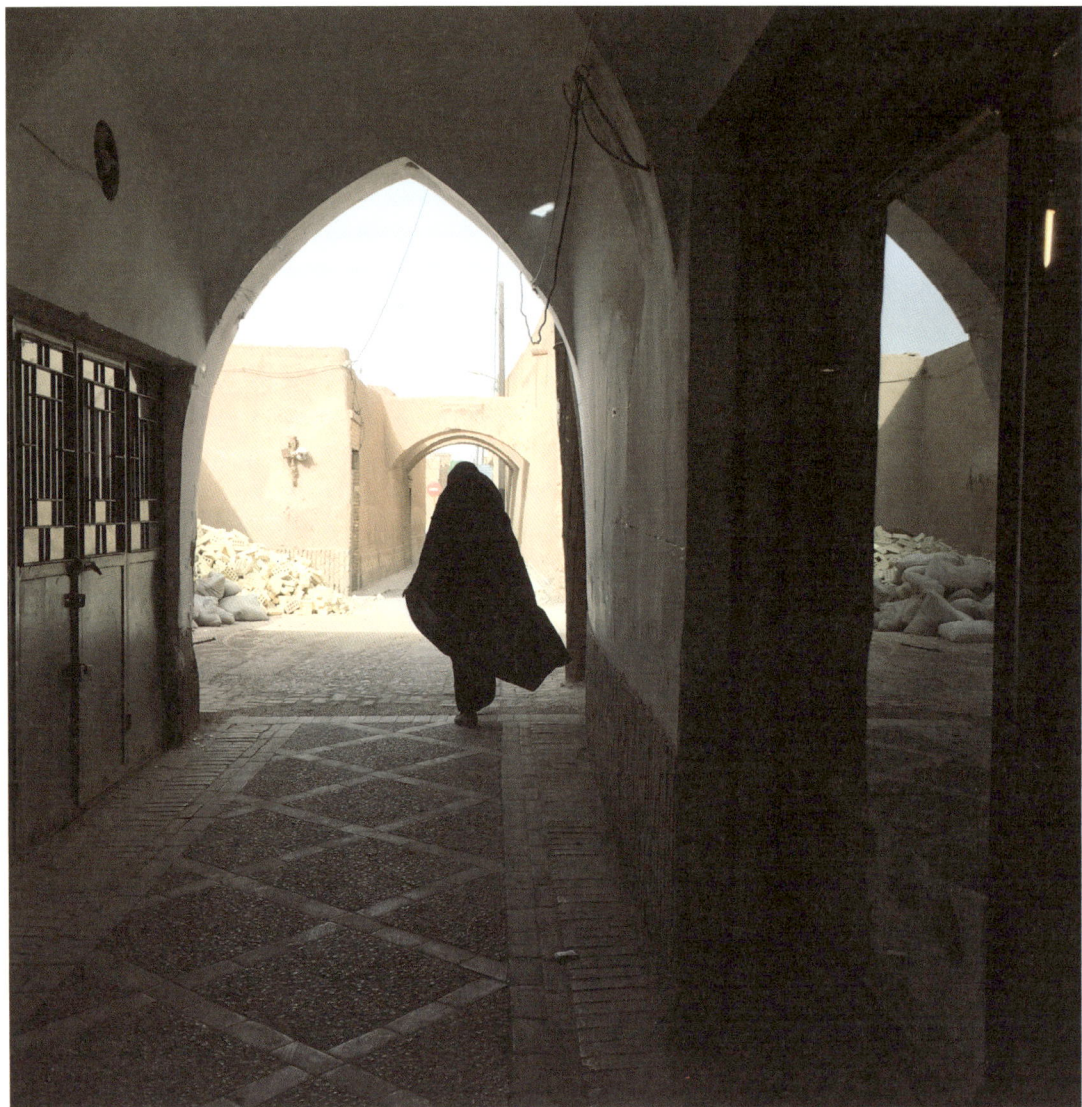

好从边境回到 500 公里外的阿塞拜疆首都巴库。他往返跑了两趟
最后也未能解决。这样，我们只好也折回巴库，直奔机场，由空
港办落地签进入德黑兰。我怀疑这是德黑兰在半推半就，也就加
强了我对这个城市的期待。

　　提心吊胆了一天半，半夜两三点终于从飞机舷仓里看见了偌
大的德黑兰灯光版图，心里有了一丝苦涩，也有了一丝冲动。德
黑兰，德黑兰，为什么如此难于靠近你？你的面目到底是什么样

○丝路万里行之
重走玄奘之路……

子呢？

波斯民族其实与突厥人不一样，他们属于雅利安血统，这纯粹的欧洲血统构成了他们胎里带的自豪。果不其然，一进宾馆，满眼是如云的美女，优雅的男士，个个彬彬有礼，谈吐不俗。在知识阶层、服务行业，英语比较普及，弥漫的是西方风情。这是我头天晚上在五星级宾馆看到的伊朗人。

第二天，我们六个掉队反而先期抵达的人，开始游览德黑兰。城在南山之下，山在群楼之中。山下的这座城，一大早是在无尽的车流和无穷的喧闹中露出它的真容的。街道上出现了可怕的堵车，摩托轰大油门在车流中疾风般穿行，让我好几次不由得摸口袋里的速效救心丸。也难怪，1300万人口的城市呀！

其实德黑兰是一座相对年轻的首都，只有200多年的建都史，却出人意料的老旧。除了霍梅尼的陵墓和自由塔之外，几乎没有多少有特色的标志性建筑。它不像迪拜那样有着暴发户的奢侈豪华，也不像罗马那样古老而持重，甚至不如巴库那样现代和时尚，倒有点像20年前中国的大城市。可它老旧得家常，老旧得随意，有如居家过日子的百姓人家，就这样素面蓬头来到了我面前。

伊朗从小学起便男女分班，女生一律戴头巾

我们去逛巴扎，巴扎里比肩摩踵，人浪在鸡零狗碎的摊点中挤成一个漩涡又一个漩涡。小贩的叫卖声嗡嗡嘤嘤一片，浓雾般从耳孔挤灌心田。小童工拉客吃饭，喊着"wifi-wifi——有wifi！"是揽客的一个优越条件。这天正好是假日，很多人携家带口来这里压街。有些店铺里，孩子就趴在地上让妈妈给他辅导作业。无穷无尽的车流堵在路口，用尾气挑战和考验你的鼻神经。

整个大巴扎，就是脱去黑袍之后的一位家庭主妇，它不是什么花盆里的黑玫瑰，倒像山野间的花草，似有若无地散发着泥土清香。

我们之中最有国外生存能力的"国哥"，竟然在伊朗巴扎给跑丢了！这位不会说英语竟然跑了100多个国家的网络大V，拥有千万以上的粉丝，竟然过不了德黑兰这一关！大家分头去找他，寻找中，第二个人又跑丢了。德黑兰用波斯魔毯将我们一个个卷走。大家在那里盘桓了将近两个钟头，焦急万分。最后"国哥"将电话打回中国西安，才联系上我们，失联已经超过一个小时。

使馆区也一样的家常，中国使馆很寻常，梵蒂冈的使馆很简陋，美国使馆隐约有个小庭院，都无一例外融入了城市寻常的街巷风景。这反而显出了德黑兰的自信与尊严。

也许只有从伊朗法律规定的妇女人人要戴的头巾上，能感觉到宗教的、政治的力量。国外来的妇女也无一例外会在这种文化心理氛围中，戴上头巾。听说还有宗教警察，对于一些违反宗教习俗的情况进行干预，我们没有碰上，但你能感觉到那背后的力量。

其实世界上最强大的力量是什么呢，就是老百姓居家过日子的力量。家常的德黑兰，从黑袍背后一走出来，便显示出自己远远大于历史风云和小资情调等等宏大叙事和艺术叙事的魅力。家常的德黑兰没有了神奇，依然有矜持，又多了一份亲切和平易。它可能没有你想象的那样美丽，却必定比你想象的更为亲切。于是德黑兰换来了大家会心的微笑。

伊朗国家博物馆收藏我书写的波斯古谚："人心之间，有路相通"。作者与馆长诺坎德先生合影留念

一两天后，我又感觉到伊朗和德黑兰在家常色彩后面还有一层光泽和温度，那就是奔放的热情和对友谊的看重。

我们和当地商会、旅游局、航空公司以及国家通讯社组织了一系列交流、联谊活动，伊方没有一个人不谈中伊友谊合作，不谈丝绸之路。他们的表述切实而真诚，说中国和伊朗是几千年的朋友，自古以来就在丝路上通商，是从未有过冲突和对抗的国家，是经得起历史考验的朋友。伊朗国家通讯社总裁很激动，他说，"中国"这两个字对伊朗人来说，意味着勤劳、诚实、可信。他祝福丝路，祝福中国，请媒体同行将这个祝福带回中国，带给习主席。伊斯法罕商会会长说得很艺术，他希望万里行团队能把伊朗对中国的微笑带给中国人民。

这些且不去多说，出乎意料的是，在伊朗街头，经常有人大声向我们问好，那频率远远超过此行的其他国家。有的开着车、骑着摩托追上来与车队并行，"秦那，秦那"地搭讪。有次遇到红灯，一位先生隔着车窗便递过来名片。还有一位先生特意将车开到我们 7 号车前，硬要送给记者小侯一枚戒指，推让半天，他看着收下了才满足地离去。

某日夜行，并行车道上有位司机搂着女友相偎着开车，见中国车队过来了，特意打开车厢的内灯，开心地让我们拍了个美，才嫣然而去。对穿黑袍的女士我们不大敢乱拍照、乱合影，女导游调侃着鼓动，你们放心大拍吧，大家都知道世界上最爱拍照的是中国人，而不大知道世界上最喜欢让人拍照的是伊朗女人！可不，每到一处真的常有黑袍女郎主动找你合影。摆各种姿势拍，用你的机子拍了还必须换成她们的机子拍，才能放过你！

黑袍下涌动的是玫瑰般鲜丽的生命激情，是友谊的期盼和交流的欲求。

因此，参观伊朗国家博物馆时，我特意选了一幅"人心之间，有路相通"的书法作品相赠。这是波斯古谚，习近平主席访问伊朗时在讲话中专门引用过，与我们此行的感受太过契合了。国家博物馆馆长诺坎德先生高兴地接受了作品，并回赠了博物馆大型画册与纪念品。而在伊朗国家通讯社，我也特意选了一幅"大海必有远航"的作品相赠，也是习近平主席讲话中引用过的波斯格言。这种比喻性的话很难翻译，我告诉翻译，就是"有大海那样的眼界和胸怀，才能远航天下，融汇世界"。

他们懂了，搂着我们的肩膀合影留念，你看，照片上没有一个人不在笑着，笑靥绽开，有若朵朵玫瑰！

2016 年 11 月 3 日，于伊朗德黑兰中国大酒店大堂

〇丝路万里行之

重走玄奘之路……

伊朗"绅士"何飞漫像

我们在伊朗的全陪翻译何飞,个子高挑,一表人才,举手投足之间,那风度正好是对"绅士"的一个市井版的注释。何飞不但中国话说得很溜,甚至有点江湖,他竟然时常会显出一种中西合壁式的幽默。

和伊朗两位当地的翻译、导游的见面,不是一般的见面,是那种"一鸣惊人"的见面。

起了一个中国名字的伊朗导游何飞先生,一见我就像老友重逢:"是肖先生吗?久仰久仰。阿拉上海人!"我着实吃了一惊,一个深眼窝高鼻梁的伊朗人,能如此自然地用"久仰"和中国老人打招呼,那中文的底子就不能说"水平",而要说"水深"了,"水深"得真是可以!他的确在上海有自己的公司,自己的房子,"你们还没从最后一站印度回西安,我已经比你们先回上海了!那里我有业务!"

这种中国古典戏曲亮相式的出场,让我对何飞有了浓厚的观察兴趣。何飞不但中国话说得很溜,有些地方已经多少有点中国化了,甚至——用我们一些团友的话来说,有点江湖了。比如他会一种中西合璧式的幽默。有天车队夜行，他在头车带路、报路况，与尾车在车台里一呼一应，把整个夜行车队带领得顺顺当当，配合之默契，可谓珠联璧合。突然他在车台里一迭连声喊："尾车！尾车！尾车！"各车的人以为出了什么事，都竖起耳朵、绷紧了神经。尾车答："我在，我在！""尾车尾车，我爱你——！"惹来一阵起哄！要声明的是，车尾司机绝对不是女性。他是怕司机瞌睡，有意要个怪。

何飞把中国人当自己人，总想利用各种关系，让我们多看看，多走走。有天晚上他约几个人去他朋友家参加家庭派对，"我想让你们能具体了解一个伊朗人的家庭生活，吃顿地道的伊朗饭，用你们的话说，美轮美奂呀！"

不料刚进朋友家电梯，电梯却再也不动弹了，想出去走楼梯吧，门又开不开。六七个人脊背贴着肚皮挤在里面，起初还相互调侃，制造轻松，后来浑身出汗，呼吸不畅，只有出的气没有进的气。有人提醒，少说话少消耗氧气，再没人说话了。恐惧于是在沉默中降临。看来问题有点严重。十几分钟后，他朋友才叫来电梯工人打开了门，主人"Sorry，Sorry！"一个劲道歉。大家再不敢坐电梯，一步一步爬上了五楼。入座后，何飞用手蒙住脸："这电梯让我在国际友人面前丢人，没脸见人了！"这表演秀装得跟真的一样。

不过他朋友可真给他挣足了面子。这是个艺术家庭，应该属于中产经济加小资文化那样一个层面。丈夫爱收藏，每间房都摆着他得意的三大类藏品，一类偏重文物价值，一类偏重艺术价值，还一类偏重人生和感情价值——由他夫人设计制作的各种居家过日子的工艺品。这使他们家生活在浓郁的艺术氛围之中。我不太懂收藏，但他竟然有两件清代民窑的瓷器，还集中藏有标志着福、禄、寿、喜、财的一套中国铜兽，倒真的叫我惊喜。

晚餐的精美丰盛，让我们这些以美食家自诩的中国人瞠目结

舌。一道道的主菜：烤肉、腌肉、肠肉、咖喱浇汁肉，牛肉、羊肉、鸡肉，还有不知哪儿弄来的不知叫什么名字的鸟肉，让你如临大敌。我们摩拳擦掌三战而怯，放下刀叉，缴械投降，最后竟到了望上菜而生畏的地步。这顿饭足足吃了两三小时，直吃得旌旗猎猎，狼烟遍野，地覆天翻慨而慷！

男女主人应该是 60 年代末或 70 年代初出生的人。常去中国，喜欢长城、兵马俑，喜欢中国工艺品。儿子正上大学学工程设计，才 20 岁已经发福，满脸胡子乱窜——可能与他经常与同学去吃中国美食有关。女儿上中学，和我大孙女一般大，13 岁，故而专门请出来与之合影，并接受电视采访。她说她向往中国和古代长安。然后挺有礼貌地说，因为明天一早要上课，她得先休息，Sorry，不能陪我们了。

说话间，女主人端出果盘、甜点，还有中国带回来的核桃姜糖茶，边品茶边一路海聊，直至更深夜尽才依依不舍告辞。在门口又握手、贴脸、拥抱，说了很久的客气话，完成了一道道告别

丝路云谭 ▶▷

在何飞朋友家中的小派对

仪式，这才下楼——主人的热情并没有溶解我们对电梯的恐惧，大家还是坚持从楼梯走下去。对不起何飞好哥们了！他摊开双手做了个尴尬的怪脸。

这个德黑兰之家，人到中年，事业有成，格调雅致，而且后继有人。屋子里没有洒欧洲香水也没有点中国香，却似有若无弥漫着一种无以言状的气味，我想那该就是幸福和融洽的气息，让人惬意得有点慵懒的家庭味道。何飞经常带中国人到这里来，这家就是他私藏的旅游点，也是丝路的一个驿站！

何飞个子高挑，一表人才，举手投足，那风度正好就是对"绅士"的一个市井版的注释。他原本就是伊朗旅游局的"干部"，见过大场面，中文又说得那么溜，因此我们在伊朗的许多会见、交流活动，干脆就请他主持，倒省去了两边翻译的麻烦。我祝贺他"提拔"了，他夸张地握握拳："等着瞧吧！"果然，我们何飞先生用自己的镇定自若、用自己对中伊两国的熟悉，把每次活动都主持得挺到位，证明了万里行团领导对他"提拔"的无比正确，也给这位男士的信任度加了好多分。

离开伊朗时，他和大家有个正式的道别，博得热烈的掌声。那之前，在宾馆大堂我俩还有几句对话。那天德黑兰下起了小雨，我说，"中国有句话，人不留人天留人，雨再大点，我们可就不走了，走不了才好！"他说："那我马上给天上去电话！"语气仍然带着何飞式的俏皮，却分明泛起了一绪离别的伤感！

再见，何飞，好兄弟，上海见！

2016 年 11 月 5 日，于德黑兰至伊斯兰堡途中

◎丝路万里行之

重走玄奘之路……

伊朗美女孟雅琪素描

安拉肯定是按照超标准的美人来塑造她的。大眼睛，高鼻梁，小嘴巴，橄榄型的下巴，一切都按照美术学院教材的要求量身定制。

孟雅琪是个起了中国名字的伊朗姑娘，我们从德黑兰到伊斯法罕的翻译。她乍见我时，眼睛笑着和我点点头，很是含蓄。不料转过身去便大声喊："哥们、姐们上车了，出发！"我兀自一惊，如此字正腔圆，又如此现代时尚！到底是波斯古国，文化深厚的去了。中国的记者和文人，小心呀！我们团队的"哥们""姐们"跟着她上了大巴，去参加一个论坛。我这个爷爷级"哥们"也混迹其中。

孟雅琪的故事就此拉开序幕。

我是90后，叫孟雅琪，孟姜女的孟，雅典的雅，王字旁加一个其他的其。波斯人名字太长，说了你们也记不住，就叫我小孟——她这样开始了她的导游词。又加一个噱头：我是伊斯法罕人。伊斯法罕人最小气，像你们上海人一样。全车大笑。

安拉肯定是按照超标准的美人来塑造她的。大眼睛，高鼻梁，小嘴巴，橄榄型的下巴，一切都按美术学院教材的要求量身定制，只是整个人尺寸小了一号。小一号要什么紧，不是更小巧玲珑而又小鸟依人吗。德黑兰国际大学中文系毕业，内心并不想当导游，倒想去中国发展，当个演员什么的。母亲是形体教练，父亲做地毯生意，姐妹中有三个当健身教练，你说她身上美丽的基因该有多丰沛。

去过中国，知道孔子、李白，因姓孟，也知道孟子。她说大学最大的问题是全学了语言，没有教中国文化。好在去过中国，又有许多中国的朋友圈，"是中国圈子培养了我"。

孟雅琪不是一般地懂中文，她已经能品出埋在中国文字里的各种味道了。仅举一例：我们一开始便向她打听伊斯兰妇女戴头巾的事，她斩钉截铁地说，伊朗女人戴头巾不关爱好，不关信仰，是法制，法律规定。我们这里坐公交车也要男女分开——那可以与自己的老婆坐一起吗？可以（扑哧一笑），但要坐在女人那边。为什么男女分开？因为有坏男人，想了两秒钟，又补一句：也有坏女人。有人故意问:男人女人怎么坏？这个——，她忽闪着眼睛，显然在寻找一个合适的词回答，突然笑了：你懂的！全车大笑。

但是，孟雅琪把话头又绕回来：伊朗女人在家里不带头巾，自由开放，与男人一起参加派对、跳舞、唱歌、闲聊，都可以。你们夜晚喜欢去酒吧唱歌，我们年轻人也有夜生活，很多，很丰富，但都在家里，这样不是很好吗？很好！我们女人可以自由恋爱。女人结婚了工作吗？当然，不能靠男人生存！

头巾包裹着的小孟，一样有着90后的价值观。伊朗人可以娶几个老婆？一个！只一个！娶那么多，没那么多钱，女人要房子、车子、戒指，还要金币，这是一定的！一块金币等于300美金，有的要几千块，你算算是多少？也有的只要一块，因为爱他！你问我要多少？讳莫如深：还没想好。又加个调侃：大概要3000块金币吧，不多，才600万人民币。

你问为什么街上女人这么多？因为男的少！你们说看见有不少女人晚上也出来玩，那是她的自由。不过我可以给她们说说，

说中国人嫌她们上街太多！大家笑得噎住了。

她喜欢音乐和电影，最爱的中国歌手是那英。讲起中国的电影明星，她握紧拳头，摆了个武打姿势，说伊朗很多人都知道中国功夫，知道成龙。

俏皮归俏皮，小孟是有底线的，她总会在适当的时候将话头带回来，显示出自己对社会对国家看法的一种公正来。

对社会状况，不讳真实，但维护国家：我们伊朗是世界上重要的国家，有人把我们波斯人与突厥人譬如土耳其人混在一起。我们和阿富汗人、塔吉克人都是雅利安人，他们土耳其是突厥人，不一样的。

因为对伊朗的经济制裁刚刚解除，我们经济发展得不大好，但也不大坏。伊朗周边经常打仗，我们国家很和平。我们城市有点乱，但是很安全，大家放心玩。我们女人穿黑袍，但是心里很温柔……她说话时字斟句酌，除了在记忆中搜索词汇，更多是在想如何表述得更真实、公正。遇上不会翻译的词儿，当场打开手机请教"度娘"，"度娘"也查不出来，就歉疚地一笑：这我搞不明白。

孟雅琪讲解波斯历史充满了自豪感

让我真正看重孟雅琪的，是她讲述伊朗历史知识时的清晰和系统，她对历史有明显的偏好。每到一处参观点，宣布完集合的时间和地点，她会说，想转的可以去转，想听历史的跟我走。

于是她像个历史教师那样开讲。不快不慢，有板有眼，配之以老成的手势，显然认真准备过。她偏爱向世界各地的朋友讲自己波斯的历史。在这种讲述中她有了民族的实现感。

她讲万王之王大流士，讲波斯波利斯，会流露出一种根脉中的自豪。她说，敌人砍断了大流士王这座石雕的头部，想让后世人忘掉他，但他们没有看到在石雕的衣服和座椅上刻着他的名字，大流士王永远留下来了。英雄不是刀斧能够抹杀的。

她说伊朗人特别不愿意被称为阿拉伯人，因为他们的历史比阿拉伯人更悠久。令她自豪的是，毕竟伊朗人在这种高压之下，还顽强地保存住了本民族的文字与语言，最终还能建立有别于多数阿拉伯国家的什叶派国家，不像比我们更加古老的某些文明古国被外来文化同化了。能在强大的时候创造辉煌的文明，也能在弱小的时候保全自己的文明，伊朗人有理由自豪。

她为拜火教穆拜的介绍做翻译时，我注意到她比穆拜本人

◎丝路为电行之

重走玄奘之路……

130

说得更长、更详细，肯定加进了许多自己的资料。她说，拜火教2700 年前就拜火，我们面前的这一处火焰 1700 年没灭过。拜火教没有自己具体的人格神，先知琐罗亚斯德要人们崇拜太阳、土地、风和水，崇拜自然，敬奉自然神图腾。主张人要"三好"，想好，说好，做好。现在伊朗有 160 个拜火教教廷，主教住在德黑兰。中国也有拜火教。它不强求规则，凭信仰行事就可以……她的讲述让人印象深刻。

就在参观拜火教堂要离开时，发生了意想不到的一幕：她用本地话与那位穆拜争执起来了。从旁能感觉到，大概是教堂开始没说明，现在却要补收门票。她再解释也不行，只好不情愿地掏出了钱。这时另一位地陪不知给穆拜解释了什么，他突然坚决不收她的钱了。但小孟还是气呼呼地，上车后我问其详，她说教堂怎么能收门票呢？好，收就收吧，听说你们是从中国来的专家和记者，却又不要了，不是看人行事吗？让你们笑话了，哼！

26 岁的孟佳琪这两年频繁地接待中国考察团、商务团、旅行团。她觉得自己所做的事越来越有价值了，每天接触新的中国朋友，每天都有新的发现，这样的生活实在很精彩。在她结束这一段导游，要离开我们车队时，我送了她一件礼物——教她说一句中国俏皮话："最要紧的时候，你总是掉链子！"我说以后有客人老迟到、掉队就这么说他，效果一定好！她马上就用上了：只有肖老师总不掉链子！我们在笑声中道别。

丝路万里行媒体团在伊朗的旅途颇为坎坷曲折，因了这两位好翻译而愉快生动，许多困顿反成美好的回忆。其实导游是旅游的脸面、最重要的软资源，景点储存的一切优质资源都要通过他们的再创造来传达、展现，他们是旅游业的形象，是景点旅游舞台上唱念做打行当齐全的"角儿"呀。

2016 年 11 月 6 日，于德黑兰至伊斯兰堡途中

在伊朗三城谈旅游

•
•
•

在伊朗的德黑兰、伊斯法罕、设拉子三个城市与当地文化经济界交流，谈到两国旅游业携手发展时，我列出了中伊两国文化的一些相似性，也说到我们生活的具体地方，陕西、西安和伊朗的三大名城，又都是所在国历史文化的发祥之地、荟萃之地。

在伊朗的德黑兰、伊斯法罕、设拉子三个重要城市与当地文化经济界交流时，万里行团队领导先后几次安排我谈谈两国旅游业的交流，只能勉为其难地执行。现回忆整理于后，权作学习笔记，备忘并就教于方家。

关于旅游业的交流发展，我大约谈了三个方面：

第一个方面，谈中伊两国特别是陕西西安与伊斯法罕、设拉子文化的相似性。相似产生认同，认同促进交流，交流拉动旅游，这构成了旅游产业文化心理的一种原动力。

中伊两个国家的文化有很多相似性。两国都是迄今从未中断文化传统的古老国家；和古代中国面对匈奴的入侵一样，伊朗也面对阿拉伯人的入侵；中国在 16 世纪—20 世纪面对"西方海盗"，伊朗也在同一时期面对"地中海海盗民族"。重要的地理位置、悠

○丝路万里行之

重走玄奘之路……

132

德黑兰标志性景观自由塔

久的历史和古老的文化传统，使我们在吸收、传播文化方面具有难得的连续性。这种连续性构成了我们两国文化的底气和旅游资源。

而我们生活的两个具体地方，陕西、西安和伊朗的三大名城，虽相隔万里，却又都是所在国历史文化的发祥之地、荟萃之地。

陕西西安是中华文化重要的发祥地。中华文化一些最早的符号，如，汉文字与龙图腾；中华文化的一些基本价值坐标，如，易、道、儒、释；中华文化印烙在人类历史上的一些最重要的足迹，如，周、秦、汉、唐；这些都与这块土地直接相关。

伊斯法罕和设拉子也是波斯文明的发祥和荟萃之地。古波斯文明和波斯波利斯古城享誉全球。2500年前，"万王之王"大流士将阿契美尼德王朝的都城迁于此地，创建了横跨亚欧非三大洲的波斯帝国，和我们的秦汉帝国并峙与世。大流士和秦始皇如双子星座，带领国家走向统一、强大。至今他们的陵墓遗迹还在，成为中伊两国重要的精神符号，是中伊两个民族的骄傲。

我们都是古丝绸之路最早的开拓者，最辉煌的实践者。公元前11世纪，中国西周的丝绸经伊朗进入埃及，说明3000年前中国与伊朗已有经济交往。公元前7世纪，一条由中国经西伯利亚草原到黑海北岸的贸易线兴起，当时黑海属于波斯疆域，这就是所谓的"斯基泰贸易之路"。随后，中国丝绸经该线路西段黑海东岸南下，全面进入伊朗。安息帝国时期，中国的商品由蜀入印，然后转销中亚、伊朗。在张骞之前，这里已有中国的"蜀布"，一称"邛布"。

中伊两国以丝绸之路为纽带，形成了我们和平商贸往来的历史传统。中国汉唐时的波斯商人、胡姬酒肆、大唐西市就是两国和平商贸往来的象征。伊朗的朋友说得好：中国和伊朗是几千年的朋友，是从来没有打过仗的好朋友。像我们这样只有交流而从未发生冲突的千年好友，通过当代旅游可以将其由历史积累转化为极为珍贵的现实财富。这样的历史认同和实践，铸就了两国旅游业的文化精神支柱。

在民间的风情文化方面，波斯文化在伊斯兰文化之后，虽然原根文化稍有流失，但在吸纳包容中仍旧保留了自己的基本特色。

伊朗商贸界朋友与我们签订意向协议

伊朗街景

中国的文化在汉唐时期也一样，广泛地吸纳、包容异质文化因子，使我们的中华成为能够容受多维文化的大气磅礴的民族。

第二个方面，我谈到了旅游产业、旅游文化在中国当下发展的趋势。主要有这几点：

一，旅游产业正由一个单维的行业向跨行业的综合立体产业提升发展。它拉动的不仅是吃、住、行、游、购、娱，而且拉动了城乡经济社会的整体发展，拉动了精神文明的构建，社会风气的改造，乃至于跨文化跨地域的全面交流，拉动了整个社会的综合治理和提升。

二，旅游产业正在由规模化向品质化提升。所谓规模化就是用最少的钱去买最多的旅游产品。譬如前些年，大家希望花一点钱跑更多的地方，看看多的景点，满足于跑车观花，跑城观花。这有利于做大市场规模。规模化是旅游业早期的现象，现在开始进入品质化旅游，也就是要有质量，要有文化内涵，要慢游、要休闲、要品尝。品质旅游不在乎人流的规模，而在乎内在品质的提升。由低端市场到中高端市场，这是一个趋势。

三，由参观型旅游向体验型旅游提升。体验型旅游就是讲究在旅游过程中重视生命的、人生的、艺术民俗的体验。旅游既是跨文化交流，也是跨生命、跨生存交流。要尽量为游客提供身临其境、感同身受体验异国异地文化风情、人生命运、生存状态的机会。不要总是雨过地皮湿的游览参观，而要刨开表皮深入当地文化腠理，获得某种不同程度"深"临其境的体验。

四，由点式的目的地旅游，逐步发展成为网状的辐射性旅游。以旅游目的地为牵引，构建到达目的地沿途的一条条骨干线路，而且将这个线路组合联网，形成一个现代旅游网络。这种发展趋势，充分发挥了"互联网＋"的作用，也给游客提供给了辐射性旅游的种种方便。

第三个方面，我谈了对于中—伊双方发展旅游的一些建议。

一，利用双方大型企业在转型升级中，发散性、溢业性（溢出本行业）投资的新机遇，跨行业融资发展旅游基础设施建设。许多企业由制造业、资源业开始拓展资金流向，转移市场。在中国就有很多大型能源公司开

伊朗老人的风度

伊朗拜火教的穆拜

始投建旅游项目。世界 500 强、陕西的延长油煤、陕煤化公司投资南宫山和韩城景点，都取得了效益。要利用这个趋势，抓住资金流向，引领旅游设施的建设，把我们的旅游宾馆、景区、道路、服务提高到新的水平。

二，中国的陕西和伊朗的德黑兰、伊斯法罕，一个作为丝路的起点，一个作为丝路的核心地带，可以将自己建成"一带一路"旅游的集散、辐射中心。通过网络对各方游客进行组合，辐射出去，使地处中心和亚欧大陆中心的西安和伊朗，真正发挥旅游集散中心的作用。

三，双方都要更加致力于讲好自己的故事，特别是要向特定的对象市场讲好自己特定的故事。中国不但要一般地讲好中国故事、陕西故事、西安故事，而且要有中国故事、陕西故事、西安故事的伊朗版，甚至于德黑兰版、设拉子版。伊朗也应该这样，不要泛泛地讲自己的故事，要把伊朗故事跟特定的对象结合起来，讲好伊朗故事的中国版、陕西版，使得我们的市场有定向的传播力，并由多层定向传播，组合成定向辐射传播力。

　　陕西西安和伊朗伊斯法罕、设拉子作为古都都是极有故事的地方，我们如果通过电影、小说、传说，通过各种媒体，各种传播工具，对特定对象讲好自己的特色故事，对于拓展旅游市场极有作用。现在双方应该说已经有了初步的了解，但民间的了解程度还很不够。

　　四，最后一点建议就是平台，要构建好旅游宣传和旅游营销的平台，借平台打品牌。西安今年下半年就组织了丝绸之路商贸洽谈会、丝绸之路各方面的高峰论坛、丝绸之路旅游节、丝绸之路电影节、丝绸之路艺术节，还有丝绸之路法制联盟、高等学校联盟。德黑兰大学就参加了中国丝绸之路高校联盟。这都是旅游业的宣传营销平台。

　　一方面要构建自己专业的宣传和营销平台，另一方面要借助一切平台来为我们旅游业服务。一切展示都是宣传，一切宣传都是营销。一切方面的展示，包括经济、文化、政治各方面的展示，都可以带动、促进旅游，也都是我们旅游营销宣传可以利用的阵地。在这一点上，空间很大，双方大可加强交流。

2016 年 11 月 7 日，于伊朗伊斯法罕

迎向丝路的锻打

我夜不能寐，在夜半更深的宾馆大堂来写这篇文章。我并不是想赞扬他们中的哪一位，不，我是在为丝路上所有的中国人点赞，为 China（中国）赞。我们中国人，一个一个看起来都很平凡，但是合成一个群体就会很强大。

此刻是深夜23时。丝绸之路万里行媒体团在行走过程中，出现了一些意外情况，不得不几度往返游弋于中亚、中东。大家在关键时候的表现，促使我夜不能寐，在夜半更深的宾馆大堂来写这篇文章。

人是需要磨砺的，困难和风险就是砥砺坚强的磨刀石。在这次长途跋涉的磨砺中，许多人闪耀出了在素常生活中难得一见的精神火花。

开始是入关不顺。从阿塞拜疆进入伊朗口岸时，有六位团员因为电脑显示不出护照文件而被卡在关外。大部队按计划进入伊朗，这六位同志（在一个"哥们""姐们"时代，请允许我在这里特意使用"同志""战友"这些非常用的词汇）却单独留在了边境的阿塞拜疆一侧的阿兹坦纳小城。不会没有对未来安全的担忧，不会没有对出现意外的疑虑，但人人不动声色，默默地配合导游，尽力解决问题。

导游李永伟晚上十点折回500公里外的巴库，凌晨五时到达，赶上班前为六位团员再次办理签证，依然未果，迫于无奈只好让我们立即往回赶，赶晚九点巴库到德黑兰的航班，办落地签进入伊朗。从中午二点到晚上七点，六位团员驱车500公里按时赶到巴库机场。乘车由北而南，由南而北，再乘飞机由北而南，我们三次穿越了阿塞拜疆共和国的大地和天空。事情的曲折使我们更亲近了这块美丽的土地，交了更多的朋友，写出了更有可读性的文字。

在伊朗段的行走中，由德黑兰—伊斯法罕—设拉子一路南行的七八天里，下一国巴基斯坦的安全形势一直牵动着大家的神经。使馆几次建议我们不要走原定路线，那里正是事故多发地段。加之印巴关系近期有点紧张，印度几度宣布封锁印巴边境，不允许从巴基斯坦过来的游客入境，要求我们返回中国再入境印度。改变路线难度又很大，人与车全体坐船去卡拉奇需七八天，时间太长，会影响万里行下一步在印度已经定好了的安排。全体飞往巴基斯坦首都伊斯兰堡吧，有十名记者由于驾驶证上登记着他们的名字，人车不能分离，否则车队无法进入口岸。这难住了团领导丰子恒与杨文萌。大家看着他们一个接一个打电话，看着他们沉默寡言、心事重重，而又无法分担一点压力，怎能不也为他们操心，为全团操心？

车队在伊朗—巴基斯坦边境等待、商量、疏通、请示、再等待，过去了好几天，依然没有结果。

大家心急如焚，议论纷纷，竟拿出了好几个民间方案：有的主张车队继续往南从伊朗南方某个港口连人带车上船，通过波斯湾直达巴基斯坦瓜达尔港，再由那里上岸，北行偏东去拉合尔，过境印度；有的主张干脆不去巴基斯坦了，乘船直达印度孟买港。

丝路云谭 ▶▷

这两个方案都不实际，因为在海上要去瓜达尔港得整整一周，去孟买更得半月二十天，在印度早已策划的活动和行程耽误不起。何况，还不知有没有直达挪里的海轮航班，即便有，是几天一班？时间能否衔接上。于是有人又提出，干脆在伊朗南部港口渡海，对岸就是阿联酋的迪拜，从那里飞印度新德里。不过大多数人依然坚持按原计划全团一起走，全速前进前往巴基斯坦，再危险也去！这正是作为记者一辈子难逢的好机会……

　　11月6日，在伊朗南部的古城设拉子，团领导召集全体会议，丰子恒团长宣布：根据当下印巴的紧张形势，加之我们四个卫星电视、十多辆车喷涂了明显的国家标记和传媒标记，目标太大，穿过巴基斯坦确实有一定的危险和困难。中国驻巴基斯坦大使馆从安全出发，几次劝阻我们，并且将几次通话录了音，以示尽到责任。这个时候，作为中国记者团，一定要听本国政府的话。

为此，决定丝路万里行媒体团兵分两路，一路是绑定在十辆车上的有国际驾照的主驾记者司机们，一人一辆开着车去伊朗和巴基斯坦的边境城市扎黑旦。然后从那里过境巴基斯坦，到达比较危险的奎达地区，途中有巴方16名军警护航。这段行程约上千公里。然后人车分离，他们从那儿坐飞机朝西北飞至巴基斯坦首都伊斯兰堡。十辆车则由当地司机开到伊斯兰堡或东面的印巴边境城市拉合尔，等待过境印度，这是一路。另外一路是我们23个人的大队（我在这一路），由设拉子乘大巴，一天之内奔袭1000里，重新返回首都德黑兰。在德黑兰搭机前往巴基斯坦首都伊斯兰堡。在那里两支队伍将会合，再继续相机前进。这是一次特殊的行程，空中丝路，陆上丝路并进，前进的步伐决不能停止。

事后丰子恒团长告诉我，动员会之后，他又召开了十名穿越兼职司机的小会，他很坦诚地对十位同志说，这不是一个强制性的决定，大家可以根据自己的情况表态去留。令他非常感动的是，

十位同志没有一人表示退缩，都说：走，就这样走。在这里我要郑重地逐一写下这十位战友的名字，他们是杨文萌、王虎、陈良音、郑飞、邢攸安、阚晓天、黄晋川、张军、胡浩、李勃。

此刻已是半夜 12 点。我们回撤的 20 名战友刚刚到达德黑兰的中国大酒店。中国大酒店，中国人开的酒店！大门口便镶嵌着一面硕大的五星红旗，好是亲切。那是祖国的目光，母亲的微笑！据微信显示，我们团的另一半，十位司机记者此刻也已经安全到达了巴姆，发来了报平安的信息及相关照片。谢天谢地，牵肠挂肚的战友啊，没有相依为命的经历，谁能理解这种牵挂呢？

现在已是当地时间凌晨两点。我望着明净夜空中那些不知名的星星，在这异国的深夜，让我不能成眠的其实不是疲惫，不是风险，是人，是我的战友们。又不是哪一个人，而是整整一个团队，是我们这个群体。我早已过了遇事就动感情的年纪，但我真的不由得为他们感动，为我能成为他们中的一员而自豪。

有位记者父亲去世也不及赶回，照样默默工作。有的记者腿

部受伤，拄着拐杖采访、支起腿写稿。有的因口味不适，几天吃不下饭却虎虎有生气抢着担重担。车队启动以后，车台里几乎全是行车指挥的声音。在漫长的行程中，通过车台进行有序的调度指挥，从头车到尾车都掌控于心。我半开玩笑说，只要将我们车台一路的声音稍加剪辑，就是极好的广播节目，有过程，有跌宕，有悬念，有惊怵，播出肯定火爆。一位老教授有严重的糖尿病，沿途赶路常常不能按时开饭，他不得不依赖药物平抑病情，依然每两三天发一篇文章……

为了他们在"一带一路"上如此辛苦的奔波，为了他们不分昼夜地赶路、不分昼夜地采访、不分昼夜地发稿，他们中的每个人都值得点赞，但我并不是在赞扬他们中的哪一位，不，我是在为丝路上所有的中国人点赞。我们中国人，一个一个看起来都很平凡，但是合成一个群体就会很强大。我们中国人，居家过日子看起来不起眼，但是在一种特殊的环境下，在一种特殊的时刻，就会闪出耀眼的光彩。

这就是我们，一个由平平凡凡的人组成的群体，在域外用自己点滴的行为显示出自己和自己祖国的高大。

2016 年 11 月 9 日，于伊朗德黑兰中国大酒店大堂

◎丝路万里行之

重走玄奘之路……

145

回家小憩

“万里归佛祖，千年传梵音”——被阻乌鲁木齐，焦急而又失落。无所事事产生了强烈的失重感，抓紧写作！让睽睽的众目监督自己不要惫懒，让紧张的工作帮我走出失重状态。人爱干活，人怕干活，“活路”、“活路”，不干活哪儿来的路？

我们这组 23 人的队伍重返德黑兰，整整走了 16 个小时。

在宾馆住一晚，第二天，我们登上了去机场的大巴，准备飞往伊斯兰堡。车行一小时后，突然宣布，由于签证各方面的问题还没有解决好，今天不飞伊斯兰堡了，原路返回到德黑兰中国大酒店再住下。第二天上午我们在德黑兰参观了独立广场，休整了一下，下午又登车去机场，结果又一次改变行程，仍让踅回酒店待命。第三天一早宣布，因巴基斯坦的局势变幻莫测，中国驻巴大使馆再次劝阻我们进入巴国，因此我们将不飞伊斯兰堡，而是按照中国驻巴基斯坦大使馆的指示，飞回乌鲁木齐，在那里休整，等候重办印度签证，等候进入印度的最后通知。

这样我们在德黑兰换了一个酒店又住了一晚。大家心情有一点儿忐忑，前路茫茫，不知道这一行会耽搁多久。

俯瞰乌鲁木齐

11月8日是记者节。大家在微信群里互致节日问候。这里我特别要摘几句万里行团队成员、中国人保陕西分公司的全向阳处长在记者节当天发给大家的长篇微信：

"祝各位记者节日快乐！丝路万里行今天已经是第41天了，在记者节到来之际对媒体人有了更多别样的认识。一路走来我感慨万分，领略异国风情、地理地貌、了解社会制度，当地经济。同时，深深认识到记者是一份太值得尊重的职业。你们有着一种对国家、对社会、对人民的强烈责任感，用敏锐的观察力，坚韧不拔的勇气和毅力，向社会传递信息，向公众宣导着美丑善恶。作为丝路万里行的一员，我亲眼见到了媒体人对事业的执着。由于新闻又快又新又深的特殊要求，你们的工作强度是局外人难以想象的。丝路万里，你们既是记者又是司机，每到一处还要考虑新闻线索、采访角度、内容组织。我看到的是你们忙前忙后、早出晚归的身影。77岁肖云儒老人是我们团队里年纪最大的一位文化学者，他克服长时间坐车颠簸的不适，每天在车上、在休息的空隙，都在一字一句认真撰写着丝路的见闻和感悟。西部网记者敬泽昊，不慎摔倒腿部肌肉受伤，仍轻伤不下火线。陕西台记者石立，到达目的

○丝路万里行之
重走玄奘之路……

146

地再晚，也会及时编写、完成当天的报道，同时为全团编发下一站的资料和采访要求。车队每天的行程好几百公里，到目的地常常已经入夜，大家顾不上休息便开始写稿、编辑、上传影像信息，为设备充电检修，策划次日活动内容。后半夜才能休息几个小时，接着又要启程。主持人时冬瑾，是采访团中唯一一名女记者，为了能向观众介绍好每一处丝路故事，她克服语言障碍，与当地向导、知情人细致交流、认真记录，准确无误搞好报道。从采访团丰总、杨总到驾驶转播车的王队、邢师，每一个团员都让我看到了荧屏、报刊背后感人至深的故事，看到了丝路记者对事业的执着、责任和敬业精神。衷心向默默奉献在荧屏、报刊背后的媒体人致敬！"

看了这则长长的微信，我随即在微信中呼应：什么叫团队？什么叫温暖？团就是圆，就是太阳，30 位队员就是 30 道太阳里辐射出来的光芒！

直到第三天晚上，我们终于顺利地登上了哈萨克斯坦航空公司的飞机，从德黑兰转机阿拉木图，飞回中国乌鲁木齐，那已经是半夜一点，入住乌鲁木齐的哈密大厦。

而已经到达伊巴边境札黑丹的十位同志，也将择口飞回乌鲁木齐，与我们会合。远在伊巴边境的总领队杨文萌发来微信：大家一路平安，我们也尽快通关，跟大队在乌鲁木齐汇合。办完签证后一起重返伊斯兰堡，大家加油！

从下乌鲁木齐机场起，我们这些在异国转了一个多月的人，便进了一个无比熟悉无比温暖的氛围。中国字，中国话，中国式笑容，中国式幽默，无一不诱发着心中那最柔软，最温存的情愫。

但是，在乌鲁木齐等候的日子里，我们又是多么焦急多么失落啊。忙惯了的人突然无所事事，便产生了强烈的失重感。既然此行叫作"玄奘之旅"，怎么能不到印度？不到玄奘学佛的那烂陀寺？半途而废的我们将如何面对玄奘？面对关切和支持我们的亲友和社会舆论？

那几天，在我们的微信群里，最多的是三顿饭的通知："两点准，大厅集合，陕西岐山面馆，中饭！""八点，大厅，血检拉条子！"如此等等。吃了睡，睡了吃，好不惭愧。我在家人的小微信群"西部向西"中，给孙女开始讲阿凡提和巴依老爷的故事，我说你们是阿凡提，智慧敏捷，可怜的爷爷已经胖得赛过巴依老爷了。为了减肥，吃完饭 就在宾馆大堂里傻走 5000 步……

几天以后才逐步调整好了自己，重新进入工作状态。为了营造"勤奋"的环境，我远离床铺，尽量不待在房间里，每天宾馆早餐之后，便留在二楼餐厅，在手机上整理资料，写前一段因为忙碌欠下的文章。餐厅里人来人往，让睽睽的众目监督自己不要怠懒。就这样写出了关于伊朗的六篇，二万多字（即本文之后的几篇）。又给《求是》《文艺报》《中国艺术报》《西安日报》编发了一些丝路文章，还为《延河》《大昆仑》两个杂志选编了"丝路大写意"栏目的多期连载文章。人爱干活，人怕干活，紧张的工作让我走出了失重状态，在新的节奏中萌生新的快乐。"活路""活路"，不干活哪儿来的路？

我们对进入印度依然信心百倍，用大家在微信中的话"那是必须的。"所以我也一直没有中断为印度之行悄悄作准备。

记得从西安出发前，我专门去了一趟法门寺，那里正搞一个兰花展，命名"法门禅兰展"。展览的主持者送给我一盆珍贵的兰花，拜托道："兰与禅，禅与兰，本为一宗，拜托先生把这盆兰花带到印度那烂陀寺，供奉于玄奘大师禅坐之前，给所有来法门寺的信众、游客了一个大心愿！"我十分乐意领受了这个心意。出发之前还特意将这盆兰花带到西安兴善寺和慈恩寺去开了光，这两大名刹是去年印度总理莫迪访问西安时专程拜谒过的寺庙。当年玄奘从印度回国后也曾在这两座寺中主持过译经事宜，是中印友好和文化交流的纪念地。存有佛祖舍利子的法门寺——玄奘修佛求法的那烂陀寺因兰再次结缘，可真是一件文化盛事！

◎丝路万里行之
重走玄奘之路……

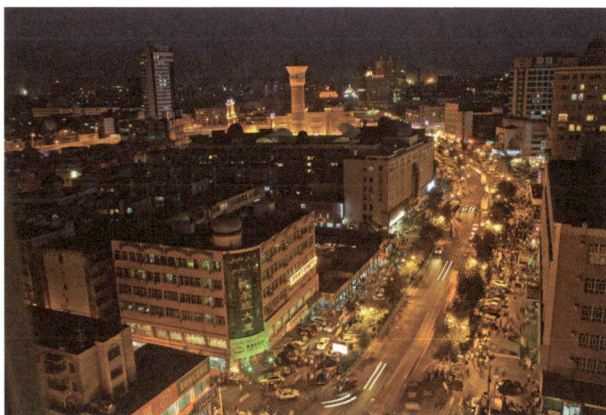

乌鲁木齐夜色

丝路云谭 ▶▷

后来才知道，鲜花和其他鲜活的动植物是不能随便出入境的，只好小心地摘了几朵做成标本，夹在两块硬纸板中，外面套上塑料膜，希望能够带到那烂陀寺，带到菩提树下。在近两个月的行程中，我对这花倍加呵护，隔几天便要给它润一点水，担心它干了、脆了、碎了，总祈祷着，愿它能鲜艳如初。随着进入印度日子的临近，小驻乌鲁木齐期间，我又小心地打开那朵夹在塑料膜中的禅兰，探视它的容颜，不想它竟然已经开始糜烂，紫色的花瓣正在被黑色的霉斑侵蚀。可能是一路上润水过多，加之房间暖气太热吧。心中生出了深深的歉疚和不吉的预感，看来正合了这次行程的不顺。

但我坚信车队一定能实现初心，一定能到达那烂陀寺，我也一定要向伟大的玄奘、伟大的玄奘之路表达一点自己的敬意，于是便去乌鲁木齐街上买纸买墨买笔。在西安出发前，我对自己在这一路上的书法赠予本来有一个统一的设计，那就是全选用习近平主席访问丝路各国讲话中引用过的当地的诗句和民谚，例如，赠给伊朗德黑兰和伊斯法罕两城的书作，便是习近平主席访问该国讲话中引用过的波斯诗人的名句"两心之间有路相通"和伊朗民谚"大海必有远航"。但中国领导人目前还未曾去过那烂陀寺，书法作品的内容看来只好破例另选了。我试拟了一联，便在乌鲁木齐哈密大厦大堂，在地上铺了旧报纸写将起来："万里归佛祖，千年传梵音。"这是对玄奘的膜拜之颂和敬仰之情，也是我们大家的心意。整个车队都希望，佛祖这次能保佑我们。

说灵还真灵。写完这幅字之后的第三天，多少弥漫着一点失望情绪的车队，突然接到北京来电，说印度使馆已经重签签证，同意我们将原定从巴基斯坦入印的签证改变为由中国进入印度，只是要分两批，普通签证可即刻起程，记者签证几天后再走。大家好一阵欢呼！

本来我们已经准备启动备用方案了——由乌鲁木齐市去南疆中巴经济走廊口岸红其拉甫拍一期节目，再折还喀什，由南疆、柴达木经西宁、银川，沿途安排几次采访，便打道回府奔西安了。有人估计去不了印度，已经将夏天的衣服快递回家了，这下马上又兴高采烈上街重新采购热带服装，性子急的还把冬天的衣服又快递回了西安。大家相互致贺，感慨万端地说，信不信由你，佛祖到底是佛祖，灵啊！

2016 年 11 月 11 日，于乌鲁木齐哈密大厦

喀什与亚兹德，
生土民居的两个展厅

参观生土民居群，用"一见倾心"远远不够，简直就是一见钟情！触目可及的是由土黄、深棕、浅褐组成的色块群落，布局随意自由，巷子狭小幽深。走下去便会有听不完的故事，看不尽的人生。它代表了一种天真而又聪颖的建筑美学。琼瑶说她喜欢冬天，因为可以去寻找温暖。其实也应该喜欢夏天，夏天可以激扬人类追寻和捕捉凉爽的智慧。

万里行车队披着波斯彩绸似的夕阳，驶进了伊朗中北部的古城亚兹德。亚兹德城地处戈壁深处、沙漠边缘，是丝绸之路的重要驿站，也是伊朗拜火教的中心。千年圣火今天依然在雄鹰展翅的狮身人面图腾前熊熊燃烧。

这座古城千年多来没有经历过大的战乱和灾害，古建筑遗址保留十分完好。城内几乎没有高楼大厦，很多居民依然住在古代民居之中。在急剧现代化的今天，能够看到这么集中的波斯古民居，而且能够看到古民居和现代生活如此协调的融接，实在难得。那是一种穿越时空的鲜活体验。

我的印象中，在丝绸之路南、北、中几条线贯穿起来的亚欧大陆的北暖带上，民居建筑在材质上大体上分为三个板块：东亚主要是砖木建筑；中亚、中东主要是生土建筑（生土者，未经烧制之土，有别于砖、陶、瓷的原生土也）；西亚、欧洲则主要是石材建筑。北暖温带以北如西伯利亚，以南如印度、印尼，由于气候差异过大，当不在此列。由砖木建筑到生土建筑的过渡，其实从中国西部已经开始。我老家在长江下游，年轻时到西部生活，鲜明地感觉到了这个过渡。老家的民居大都是砖墙木柱，屋顶扣着双层瓦。到了关中，出现了胡基（泥坯）墙、砖包胡基墙，还有"椽帮堰"墙体，即用木夹板将黄土夯实，层层垒上去筑墙而成。我曾担心这类墙会塌，那是因为不了解黄土的黏性。关中屋顶的瓦也变成了单层，我也曾担心这样会漏雨渗水，那又是因为不了解西部的降雨量小，每年降水不到南方三成的缘故。

再由丝路往西、往北走，长城塞外、河西走廊和新疆一带，就大量出现了用谷草做筋的泥皮土墙。屋顶上也没有了瓦，只要做出流水檐，抹一层谷草泥皮也就行了。这也便是我们在中亚中东各国，尤其在喀什和亚兹德看到的生土民居建筑群。

伊朗的亚兹德和中国新疆的喀什老城，可以说是生土建筑群的双子星座，是我们这个星球上生土建筑艺术的两个展览厅。

公元前128年，从大月氏返回的西汉时，张骞来到了喀什，即当时的疏勒国。他惊奇地发现，疏勒城居然同中原的城镇一样，有很像样的街道和店铺。张骞的见闻被写进了《汉书·西域传》。从汉朝的"疏勒国"，到唐朝的"伽师城"，古代喀什成为丝绸之路上最繁华、也最具诗意和传奇色彩的城市。而喀什民居的点睛之笔，就是这里的老城——古代称为"盘橐城"的艾斯克萨古城。这里保留着中亚现存最古老的生土民居建筑群。

十多年前，我去喀什参观老城景区，说"一见倾心"还远远不够，简直就是一见钟情！那一片沧桑古老的建筑，如同一片土黄色的波浪，高低错落绵延，被现代的高楼大厦包围着，好像一下子从

○丝路万里行之
重走玄奘之路……

21世纪穿越到了《天方夜谭》的情境之中。老城东北角的一块高崖——阔孜其亚贝希巷，当地称为"高台民居"，有600年以上的历史。触目可及的是由斑驳的土黄、深棕、浅褐组成的色块群落，建筑材料全用的是生土、土坯和白杨木，布局随意自由，巷子狭小幽深。沿着它们走下去，便会有听不完的故事，看不尽的人生。不由得想起一位建筑学家的话："喀什老城代表了一种天真的建筑美学，它的自然本色，是建筑艺术最为朴素的一种表达形式。"在缺少雨水的沙漠地区，这些房子冬暖夏凉，又显示出了独特的生态适应性。

让你始料未及的是，这些民居外表的沧桑和院子里的鲜丽温馨。每个院内都别有洞天：葡萄架、无花果树和各种鲜花，令院子显出兴旺的生机，葡萄架下的大床上铺着鲜艳的毡毯，雕花回廊连着客厅和卧室，服装鲜艳的妇女围坐一起，边做针线活边聊天，孩子们在打闹嬉戏。十足的维吾尔族日常生活风情。

阳光在土巷中忽明忽暗，我独自一人在迷宫般的小巷中穿行了整个下午，有意兜圈子，有意迷路，以便能在回还往复、羁留盘桓中度过更长的时光。从那错落多姿的天际线，从那依地势而

喀什生土民居荟萃的高台民居区

形成的梯层结构，从那为了安全也为了亲和勾肩搭背靠在一起的房舍，从为了防御酷热而建构的地下通道和房屋，为了扩大生存空间而形成的盖着天棚的双层道路和多层居所，我是那么具体地感受到了，老城人在对自己家园世世代代的经营中，早已经将一个实用的生存空间升华为了一个艺术的审美空间。其中不但结晶着维吾尔族人民世世代代的工匠精神和创造精神，也结晶着他们不息地追求人生品质、提升生活境界的梦想。

怪不得了，我的老朋友、西安建筑科大刘克成教授设计的仿生土建筑——大唐西市博物馆，怪不得在国际上得了大奖，这与建筑师刘克成先生看重民间建筑的质朴之美与当代整个建筑界的追求相契合有关，肯定也与刘克成教授有一段新疆生活经历不无关系。

我们入住于亚兹德地下宾馆。通向宾馆的路是窄窄小小的寻常街道，车队先停在一个有围墙的操场上，人步行，小拖车把行李拉到宾馆。这是一家由古堡改装成的宾馆，有着古老而粗笨的木门和窄小的前厅，然后就是几十级下行的台阶，将你引进地下巷道。进入地道，不料想曲径通幽，一拐弯，面前豁然开朗，竟

亚兹德民居

是一个地下大厅。大厅透过天棚采光，是宾馆的公共空间，白天是咖啡吧，晚上可以开文艺派对。还有一只毛羽灰白的大鹦鹉，用英语向路过的人问好。

而我的房间还在更里面——地道将你又引进一座大厅，在大厅尽头的一个洞穴中。每个床位上方都有一个不明就里的箭头，请教导游方知那是给信奉伊斯兰教的客人预备的。箭头所指，就是麦加的方向，他们每天要朝着麦加做礼拜。店家怕他们在这迷宫中找不着北，才专有这样的标配。宾馆所有的通道狭窄到只能一人通过，而大厅则可容上百人。巷道与大厅四周的墙上，摆设着各种波斯文化旧物，营造出一种怀旧的气氛。

宾馆大约有三十几个房间，每间的格局和装修都不一样。据说当年将古堡改建旅馆时，房东顺势而为，建成了这样风格独异的地下迷宫。亚兹德地处沙漠，干旱酷热，居民住所内部基本都低于地面，为的是达到冬暖夏凉的效果。

怎么用一句话来表述这种建筑呢？中国人抗击日本侵略者开挖的地道战网络？基督徒为逃避伊斯兰大军围剿而挖空土耳其格来美山体的穴居之地？20世纪煤矿的地下巷道和掌子面？或者干脆就是人类学习蚂蚁穴居创造的仿生作品……都有点像，又有点不像，因为在这里丝毫没有对抗、争斗和辛劳，有的是休憩、安详和恬适。最恰当的表述，我想还是：这是一个装满了故事的"天方夜谭的月光宝盒"！

这个地下宾旅馆可以说是亚兹德民居建筑的一个代表性作品。由于它的魅力，等不及明天，便央导游领我们在夜色中徜徉附近的街巷。亚兹德民居真有特点，真有智慧。巷道无规则的纵横延伸，却又在随心所欲中显出布设的精心。地坑的屋顶上遍布拱状横梁，既能采光通风，又可抵挡烈日纳凉。你从陋巷步入黄泥草坯的屋内，想不到简朴所掩映的竟是温馨与富丽。当然，眼前的这些建筑现在也可能有了革新，也许墙中暗藏钢筋，只是保留了外表的古朴。

这正说明，一种建筑审美理念一旦被民众接受，它会比建筑的物质材料寿命更长，更有生命力。

街巷的古兰经堂里，晚课正在进行，男女分开在两个窑厅中听阿訇讲经。而在经堂的拱顶上则开了一家半露天的酒吧，穿着时尚的年轻人要了饮品在那里观赏古城夜景，闲聊天。晚风时不时送过来他们的笑声和絮语。

第二天一早又去参观了风塔和坎儿井，这两项已被联合国教科文组织列入世界文化遗产名录。风塔和坎儿井，是中亚、中东一带民居建筑不可缺少的部分，它以朴素的原理和设施解决了炎热和缺水的问题。"风塔"是一座座土楼，通过四面的风洞给居室排风。以"风塔"通风降温，又以风塔旁粗陋的木棍来发挥减震及水漏的功能。每所民居的风塔下面都建有水池，水池暗通坎儿井。风水结合，造就了一个个天然的空调，恒定着室内的温度。这里夏天室外可达四十度以上高温，室内则凉爽宜人。亚兹德人的聪明才智让这座沙漠腹地的城市成为独树一帜的风塔之城。坎儿井不但浇灌土地，也可以为居民服务。在小城的街头巷尾，很容易找到像山泉般凉甜的饮用水和洗手用的储水器。饮用水龙头朝上，洗手用水则龙头朝下，区分很清楚。

坎儿井、风塔在中国天山南北也有，这几年也正在申报世界文化遗产，它启示中国人应该更加自觉地从世界文明的总格局中来定位自己。无论谁，给人类文明宝库增添瑰宝都是大好事，我们真诚地为伊朗人民高兴。

作家琼瑶说过，她喜欢冬天，因为可以去寻找温暖。我想说，我们也应该喜欢夏天，因为夏天可以激发人类追寻和捕捉凉爽的智慧。

○丝路万里行之

重走玄奘之路……

2016 年 11 月 16 日，于乌鲁木齐

历史在无声处发声

∶

历史有时会发出一种无声之声，它无声地告诉你：有时候，稗子一开始就和稻种、麦种混在一起，埋下了自己的种子，暗中生长着自己的穗叶……

由德黑兰至亚兹德，再至伊朗古都设拉子市。设拉子是古波斯之都，是"万王之王"大流士一世建都的地方，这里遗存的波斯波利斯遗址，至今历历可见那一段历史之辉煌。宏伟的波斯王朝遗址和波斯帝王陵遗址，连同它们所代表的那个伟大的帝王和伟大的王朝，是浸入每个伊朗人血液中的自豪。

波斯波利斯遗址其实还不是阿契美尼德王朝的王宫所在地，它只是波斯帝王的觐见大厅。这里有"万国门"，有"百柱宫"，有体量惊人的厅堂，总建筑面积达到 14 万平方米。波斯帝王就在这里会见各国使臣，接受他们的朝拜和贡品。

当时的波斯是世界上唯一横跨亚欧非三大洲的大帝国，东至印度河流域，南至波斯湾和阿拉伯半岛，西至欧洲马其顿和北非利比亚，北至咸海和高加索。遗址入口处的牛头人身雕塑，就来源于两河流域文明。墙体精美的浮雕，是埃及人的作品。高大的

设拉子郊区波斯波利斯遗址

石柱，来自小亚细亚的工匠的手艺。

墙体的浮雕表现了周边民族带着各种奇珍异宝前来觐见的场景，反映了那段历史的辉煌。导游给我们描绘当时的情景时，充满了民族自豪：埃及人服了，带着马来了；阿富汗人服了，带着布匹来了；巴比伦人服了，带着骆驼来了……

许多人都将大流士与秦始皇相比，将波斯王宫、王陵与秦咸阳宫、阿房宫和秦始皇陵相比，这个类比很是契合，有相当的必然性。大流士是波斯古国的"万王之王"，他以近20场大战建立了波斯帝国，立国后建立了中央集权的行省体制，统一货币，重定税制，修建驿道，集聚信仰，定拜火教为国教；秦始皇是中华古国的"千古一帝"，他逐一打败六国，统一了中国，统一了中国的文字、货币和行政管理，为中华社会几千年的统一制定了社会标准件。

但是，这一切都还只是我们能够看得见和听得见的历史，是历史通过教科书、通过某种民族文化心理需求发出的声音，这种

○丝路万里行之
重走玄奘之路……

158

声音千百年来如黄钟大吕回响在我们耳际。而历史有时，不，应该说是同时会发出一种无声之声，它只是将事实默默地摆在那里，而自己永远默着声、缄着口。只有那些有心有思的人，一些反向思考的人才能听见这种掩埋于历史深处的无声之声。

于是我们就看到了大流士和波斯波利斯、波斯王陵，秦始皇和阿房宫、兵马俑的另一种惊人的相似性：不可战胜的他们，竟然都在两代或四五代并不长的时间内覆灭了。他们留下的纪念碑式的建筑，也都同样遭到了大火焚毁的厄运。

马其顿王国年轻的亚历山大大帝，三战而击溃兵力远胜于自己的波斯帝国，一把火烧掉了波斯波利斯，"百柱宫"如今只剩下13根残柱经受着千年日月的拷问。我们该听得出来，它们相互诉说的是辉煌，又并不完全是辉煌。

击败秦王朝之后，率先进入咸阳的项羽，也是一把火烧掉了咸阳宫和阿房宫，就连其时已入殓于陵墓为秦始皇陪葬的兵马俑坑，也逃不掉火燎烟熏的命运！

西安市郊区秦始皇
陵兵马俑坑遗址

这是为什么？两个王朝的命运为什么如此相似？

很容易想到的，是出于具体历史事件情境之中的原因。譬如，秦二世胡亥太过无能，赵高太过奸佞，譬如年轻的入侵者亚历山大大帝太过强大，远胜大流士三世一筹。这当然有道理。但是换个角度看，胡亥无能，大流士三世也无能吗？为什么三战三败呢？亚历山大力量的确强大，但陈胜、吴广手无寸铁呀，即便是后来，刘邦加上项羽力量也并没有超过秦王朝呀。以致秦的强大，使刘邦不得不反复示弱，烧断栈道，躲到秦巴夹道的汉中去韬晦。他们又为什么能够取得对大秦帝国的胜利呢？

肯定有着更深层的原因，这原因穿透了具体历史事件、具体历史情境,而根植于历史规律和历史哲学之中。这个原因像是稗子，一开始就和稻种、麦种混在一起，在两个王朝兴盛之时便埋下了自己的种子，这种子随着两大王朝的发达而暗中生长着自己的穗叶。这稗种便是"过度"两个字。过度的好大喜功,过度的征讨战乱，过度的国力消耗，过度地苛待周边的属国，过度地对民众予取予夺等。尽管它们在程度上有所区别——大流士一世似乎比秦始皇稍显宽容些。

秦国是以近百年时间，以93余次残酷的大战和400万人的生命作为成本，取得对六国的胜利的。之后秦始皇又修长城、修直道、驰道、修陵墓，动辄征用民伕、战俘、囚徒几十上百万人，你可以想见其中拆解了多少家庭，离散了多少骨肉，流淌了多少血泪，又有多少"可怜无定河边骨，犹是深闺梦里人"的思念，更有多少孟姜女想扑上去哭倒长城……无数的哀冤仇恨，在沉默的大多数心中无声地积累着，等待着点燃，等待着爆发！大秦帝国是秦始皇一手建立的，大秦帝国其实也是秦始皇一手掏空的！所以陈胜、吴广，一群殊死而搏的奴隶夫役，一旦揭竿而起顷刻便动摇了这个帝国的根基！

宏大的历史走向，从来不能仅仅归咎于某个人某件事，主宰它的是"势"。势是什么？就是民心背向，就是社会、政策和道德的总体取向。秦帝国的迅速覆灭，与具体人虽不无关系，根本上乃是"大势已去"。大势既去，精明强干的秦始皇即便从陵墓里爬出来，那也是无济于事了！

大流士一世也差不多，先是不到一年打了18次大战，铲除国内四面八方的割据势力，统一了波斯。此后20余年中，向东打印度，将其收编为波斯帝国的第20个行省。朝西打色雷斯，并且三次远征希腊未果。全国政军分治，将备战如兵器、舰艇的制造，放在国家发展、社会治理之上。这不但耗尽了自己的帝国，还株连希腊。波斯三次远征希腊，希腊为了不在希波大战中亡国，全国长期处于备战状态，结果导致了人类古文明的瑰宝——希腊文明的衰落。故而波斯帝国的覆灭，深层责任也并不在大流士三世，而在他爷爷大流士一世。这位铁血大帝也是在创建自己王朝的同时掏空了自己的王朝，在张扬强盛之势的同时，暗中积累了颓败之势。到了大流士三世，败势既成，大势已去，亚历山大大帝只不过顺势而为，摘了个大桃子而已。

这种开创者同时成为掘墓人的情况，历史上不止一次，日常生活中也往往能够见到。不以过度的战争和建设耗尽国力民力，在需要与可能之间，目标与现实之间，规模、速度与力量之间，能否量力而行，审时而动，度势而为，做全面协调可持续的科学处理，是考验每个人，尤其是考验伟大人物的"哥德巴赫猜想"，是一道极难回答的历史难题！过犹不及，欲速不达，峣峣者易缺、皎皎者易污，都说得是要讲究度与势。度与势不屈从个人欲求，规律不相信眼泪。不尊重规律，炮火越猛后坐力越大，反推力可能将枪炮手击倒。这就是历史哲学、历史辩证法，也是许多让人不解的历史现象最深层的原因。

汉高祖刘邦也许觉悟到了亡秦的教训，他信奉黄老之学，放慢了步子，以退为进。西汉初年的文士贾谊则以一篇《过秦论》

◎丝路万里行之
重走玄奘之路……

162

让天下人振聋发聩。他主要从内因对秦朝的短命进行了透析，鞭辟入里地追问、思考了秦之过，秦皇之过。为不再重蹈覆辙敲了警钟。到了刘邦的孙辈，更施行了文景之治，在疗救中行复苏，从韬晦中谋发展，不到百年便仓廪殷实、钱库充盈，走出了秦末的大凋零，渐渐显出民富国强的好势头。这才孕育了又一位一代天骄——汉武帝。如果不是发挥了社会发展调整收缩的机制，哪儿会有汉武刘彻的英明？哪儿会有儒术的独尊？哪儿会有匈奴的平定？更哪儿会有张骞的凿空西域呢？

社会的发展、历史的进步，是一个积蓄——释放——再积蓄——再释放的辩证过程，以释放激活积蓄，以积蓄充盈释放，实现良性的循环。社会历史的发展如果总是一成不变的强拍子、快节奏，何谈节奏？没有了节奏，又何谈呼吸吐纳，何谈发展的可持续？

在伊朗和中国，有两位声名远播的诗人，通过悟觉性的艺术思维对这个问题做了高屋建瓴的表达。

丝路云堞 ▶▷

在亚历山大大帝打败大流士三世，消灭波斯阿契美尼德王朝大约1600年之后，在亚洲的西部，波斯诗人萨迪的一首诗传遍了世界：

> 亚当子孙皆兄弟，兄弟犹如手足亲。
>
> 造物之初本一体，一肢罹病染全身。
>
> 为人不恤他人苦，不配世上枉为人。

设拉子市郊的阿契美尼德帝王陵遗址

这首诗宣扬了一种与吞并、掠夺、战争、压榨，以及为宏大的目标而加于民众过量的负担甚至苦难完全不同的观念：我们本是兄弟，我们情同手足，我们相互体恤，我们共同发展。诗句也许有点朴素、浅白，正是这种朴素、浅白才能以极大的能量向一切人传播，并将一切人包揽到自己的理念中来。所以它被联合国写进了自己的宗旨，也在许多国际集会上展示，被许多政治家引用。它正在成为人类共有的箴言。

而在亚洲的东部，大秦帝国覆灭之后900年左右，又一个伟大帝国大唐王朝开始进入了它的暮年。极为相似的不祥征兆又周期性地出现了。在亡秦之后整整1000余年，23岁的青年诗人杜牧拨开云絮，直入腠理，以前朝秦事为镜，针对晚唐衰败的现实，写了千古名篇《阿房宫赋》。他在对阿房宫的华丽、秦宫的奢华、朝廷的腐败以及六国的各怀鬼胎不能团结抗秦，做了极尽铺陈地描绘之后，感慨万端地说了一段千古哲言："灭六国者，六国也，非秦也。族秦者，秦也，非天下也。"他提出了一个理想的假设："嗟乎！使六国各爱其人，则足以拒秦；使秦复爱六国之人，则递三世可至万世而为君,谁得而族灭也？"他也知道历史是不能假设、不能倒流的，历史从来不卖后悔药，因此笔锋一转，寄希望于今人和后人的自鉴自警："秦人不暇自哀，而后人哀之。后人哀之而不鉴之，亦使后人而复哀后人也。"唉嘘——，弥漫于历史进程中的悲剧感让我们何等的沉重，沉重中又有着何等的警醒啊！

夕阳西斜，黄昏的影子一点一点爬上土岗，吞噬着四个呈十字架形的阿契美尼德三代帝王陵墓。参观之后，我们向它道别，心头忽然有所触动，一绺淡淡的苍凉，才上陵头却上心头！

历史无声而岁月有痕。文物学家、历史学家、历史哲学家的任务，就是对这些有痕而无声的信息，做尽量真切的复原，做尽可能深入的解析，并提高到历史哲学层面，升华为历史规律，给后人留下深刻的文化积淀。

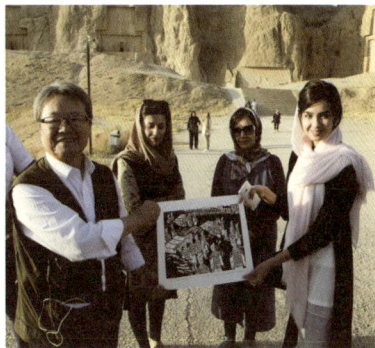

复述具体历史事件叫资料，解析历史事件的内涵和结构以启悟当下叫思考。事件可见可闻，是有声的，启悟是不可见不可闻，只可思只可感的，它常常是无声的，却又的确有声。那声音比具体历史事件的声音更深远宏大，因为那已经是规律的声音，哲理的声音！

这时，有五六位伊朗游客热情地向我们问好，好像是一个三代的家庭，真诚的笑容带过来一个亲和的气场，我突然想起随身包里带着的秦始皇兵马俑版画，我通过翻译给他们讲解这版画的内容。我说，大流士是波斯古国的"万王之王"，他建立了横跨亚欧非三大洲的波斯古国；秦始皇是中华古国的"千古一帝"，他统一了中国。今天在大流士王陵前将秦始皇兵马俑版画赠送给伊朗朋友，可以视为两个伟大国家相隔两千多年、两万多里的一次握手！我说我十分高兴能将中国青少年的情意转达给伊朗朋友，为了我们两国历史上的辉煌，也为了我们愈来愈深厚的友谊，为了一个没有战乱没有苦难、四海之内皆兄弟的世界。

我们共同拿着画合影，既有具象空间的携手，也有寓象空间的启示。

2016 年 11 月 17 日，于乌鲁木齐哈密大厦

波斯之心与波斯之力

——谈诗人萨迪

· · ·

一个民族需要英雄的精神，威的传统，力的偶像；也需要哲思的精神，智的传统，心的偶像。两种传统双水并流、交相传递，文化人格才能健全的发育。

"托盘里的花儿能够鲜艳几时？我的花园却永远春光明媚。"

从起程至 11 月 15 日，我们的车队在丝路上已经跑了一个半月还多，超过 11000 公里，到了六个国家。丝绸之路像一轴丝绢织就的书画长卷，从容不迫地在我们面前展开着山水、城镇、市井、风情、民间艺术和各界人物，像一本精装的书，缓缓地翻着页码，引着我们渐入"一带一路"的堂奥。我们跑路、观景、看城、交友，都是一页一页在读这本大书。我们在阅读中日渐丰富与充实。在路上，我常常会想起中国古谚"行万里路，读万卷书"（我想再加一句：凝万世思）这句话，也会想起另一个人的另一句话，那是一位久违的伊朗诗人萨迪的诗句：

> 我曾在世界四方长久周游，
> 与形形色色的人共度春秋。

从任何角落都未空手而返，

从每个禾垛选取谷穗一束。

丝路云谭 ▶▷

谈到波斯，许多人都会为"万王之王"大流士自豪，但并不见得都知道萨迪的价值。其实我认为，如果说大流士是波斯之力、波斯之威，萨迪便是波斯之心、波斯之美。

上面这首诗不只是一个旅行家对自己的要求，它已经进了"三人行，必有我师"的境界。善于学习书本，也善于学习社会，从一切人一切事物中，从正面和负面，汲取你所需要的营养，这不是人生的大境，人生的至乐吗？

说我与萨迪久违是有缘由的。1958年我还是大二的学生，卷进了"大跃进"的群众运动，那是个鼓励说大话、人人说大话不腰疼的时期，从小麦亩产几十万斤到教授一年写几十本著作，大话空话的气球满天乱飞。我也斗胆包天，吹牛说要在大学几年中按中外文学史的顺序，读完进入文学史册全部作家的作品。

樱桃好吃树难栽，牛皮好吹事难办。于是一次次囫囵吞枣的阅读开始了，曾经创造过一个星期天读完三部长篇小说的卫星式纪录。事后我将其定位为"间苗"式阅读——像田间"间苗"那样，跳着行、翻着页读，实际上也就是逮个故事梗概好去唬唬人而已。

我就在这时候借阅了伊朗诗人萨迪的《蔷薇园》，记得是水建馥先生翻译，才出版不久的新书。而作者萨迪却是700年前的古代圣贤。我那时年轻气盛，喜欢带点现代主义色彩的哲理诗，如拉美的聂鲁达和中国的艾青。说真的，《蔷薇园》让我感到有点乏味。可能译本也是"大跃进"的产物，诗句少有哲诗和文采之美，觉得只是我国民间流传的《增广贤文》一类的格言智语，意思不错，但失之浅白。年轻人的轻狂让我合上了这本不可多得的好书。

随着年龄和阅历的增长，我的人生开始渐渐遇到了萨迪诗句中提出的一些问题，也渐渐进入了他一些诗句的情境。1998年我参加国家人事部专家团访美，在纽约联合国大厦发的简介材料中，突然在目录发现，萨迪的名言"亚当子孙皆兄弟"被联合国用作阐述自己宗旨的箴言。在2010年的上海世博会上，萨迪这首诗的前四句，又被译成波斯语、汉语、英语三种语言，镌刻在伊朗馆大门上方：

> 亚当子孙皆兄弟，兄弟犹如手足亲。
>
> 造物之初本一体，一肢罹病染全身。

（下面还有两句是：为人不恤他人苦，不配世上枉为人。）

这首诗以浅白到几乎家常的语言道破了人类大家庭的本质，世界大同的真谛。它辐射、涵盖了全人类世世代代的共同追求。

《蔷薇园》大量引用了民间的谚语、格言、警句，许多名言至今仍在交口传颂。书中的文句尾韵自然，对仗工整，句式简练。那些清新自然、质朴流畅的语言，数百年来始终是波斯文学的典范。可不，涵盖面愈大的思想和表述，愈追求浅白易懂，《圣经》《古兰经》《道德经》《论语》不都是如此吗？它们甚至浅白到可以通过讲述寓意性故事在民间传播。

我为自己曾经的轻狂羞愧不已。

○丝路万里行之

重走玄奘之路……

168

　　萨迪（1208 年—1291 年）全名为谢赫·穆斯利赫丁·阿卜拉欣·萨迪·设拉子，是中世纪波斯极负盛名的诗人，在伊斯兰世界享有崇高的声誉，也进入了世界文坛，成为人类共同的精神财富。一生著述有 20 余种，包括颂诗、哀诗、挽歌、箴言、警句、鲁拜诗、格言诗、幽默诗、讽刺诗、叙事诗、抒情诗等，其中以《果园》《蔷薇园》最为著名，被译成几十种语种出版。代表作《蔷薇园》更是一部"智慧和力量的教科书"。它以民主、进步的人道主义思想内容，朴实、清新的艺术风格，登上了伊朗古典诗歌的顶点，而成为世界文学宝库中一份珍贵遗产。

　　《果园》和《蔷薇园》是萨迪多年游历、体验人生之后的艺术哲思的结晶。内容十分广泛，大至治国安邦的方略、道德修养的

准则，小到待人接物及生活起居的经验，及至天文、哲学、历史、伦理、医学、鬼神、兵法等方面的问题。《果园》全书160个故事，既有历史人物，又有诗人在漫游中的见闻和经历。《蔷薇园》以散文诗和短诗写成，题材和《果园》相仿。包括论"知足常乐""论寡言""论青春与爱情""论老年昏愚""论教育功效""论交往之道"。全书8卷，用娓娓动听的叙述和以事喻理的教谕启发人。在夹叙夹议的评断中，诗人宣叙了自己的理想、愿望和爱憎情感，充满对善良、纯洁、赤诚、正义、光明与真理的礼赞。

萨迪的人生和创作，让我想起中国古代的哲人孔子和诗人杜甫。孔子半生游历各国，在游历中宣讲他"克己复礼"的主张，也在游历中形成他一些新的思想，所以孔子的言论才那么既切中政治社会时弊，又结合人生品行，易于践行，广为流传。杜甫也一样，初到首都长安，十年冷遇不仕，在市井底层辗转流徙，感受民瘼，聆听民声，这才有了那些为百姓广为传颂的"哀民生之多艰"的诗歌。

萨迪和孔子、杜甫一样，也是个"读万卷书，行万里路，凝万世思"的哲人和诗人。青年时代即遇蒙古人入侵，加之不堪学校的束缚，很快辍学卷进了动荡的社会，在颠沛流离中度过了大半生。他以伊斯兰教游方者的身份，沿途布道讲学，还当过苦工杂役。足迹遍及叙利亚、埃及、摩洛哥、埃塞俄比亚、印度、阿富汗，也多次去麦加朝觐。期间还到过中国新疆的喀什噶尔等地。待到返回故乡，已经是两鬓斑白了。

你虽在困苦中也不要惴惴不安，
往往总是从暗处流出生命之泉。

——正如他的诗句，在云游四方的30年中，萨迪广泛接触了社会各个阶层，亲身体验了穷苦大众的悲惨生活，这成为他人生的重要财富，也成为他世界观和文学创作的丰硕营养。

◎丝路万里行之
重走玄奘之路……

入侵者被打退后，萨迪回到故乡安定下来。这时他已50多岁了，深悔自己虚度了许多时光。执意深居简出，选择沉默，在余年过一种沉思默想的生活。一位患难之交的挚友多次来访，劝他用诗歌向社会发言，他总是婉言谢绝。有次他俩散步于花园，友人离开时，用衣襟兜满了蔷薇、风信子和紫苏，打算带回家去，萨迪说："你知道这些鲜花总要凋谢，花园的许诺并不可靠；哲人有言：'不长久的东西不值得留恋'啊。"朋友叹道："那有什么办法呢？你的诗倒是最长久的，但你不让出版面世呀！"这话触动了萨迪，终于答应创作一部《花园》："使秋风不能凋谢它的绿叶，使新春的欢乐不因时光流逝变成秋天的萧条；托盘里的花儿能够鲜艳几时？我的花园却永远春光明媚。"

朋友倒掉花朵，抓住萨迪的衣襟："君子言而有信，你一定要写！"萨迪于是开笔完成了这部旷世名作《花园》。

由于《花园》这个书名太平淡，我国从 1958 年开始，先后以《蔷薇园》《玫瑰园》《真境花园》为名翻译出版。《真境花园》颇具伊斯兰教色彩，真主、真理、真光、真境、清真，对穆斯林而言有很强的亲和力，它已经成了伊斯兰教经堂教育的重要读物。

一个民族需要有两类精神营养、两类精神传统、两类精神偶像：一类是英雄的精神，威的传统，力的偶像；一类是哲思的精神，智的传统，心的偶像。只有两种传统交相传递、双水并流，文与武、智与力互补，民族文化人格才能得到健全的发育，才能铸造出真正的强大来。

我想，大流士与萨迪之于伊朗，秦皇汉武与先秦诸子之于中国，恐怕便具有这样的意义吧。

2016 年 11 月 18 日，于乌鲁木齐哈密大厦

飞车疾驰，聊发太极之思

•
•
•

丝绸之路上，"陆路"和"海路"在各地的对接和交汇，分明在地球上画出了一幅阴阳太极图，阳鱼、阴鱼分别代表"陆上丝路区"和"海上丝路区"。原来"一带一路"的科学决策，内里还体现了中国古代合抱天下的太极理念，承袭在变易中实现动态平衡的理念。

由伊朗古都设拉子往东朝巴基斯坦进发，有近千公里，三天的路程，中途要在克尔曼和扎黑丹驻足。由于巴基斯坦近期颇不安宁，时有爆炸袭击事件，我们车队临时停宿于巴姆。看来整个行程可能要稍有耽搁了。

位于伊朗平原的巴姆市是著名的古城，据传形成于 6000 年前，在世界古城之林中也算得是一位耄耋老者、一棵高龄的老松了。城内的巴姆古堡是世界文化遗产，规模宏大的生土结构建筑群，像亚兹德一样让你震惊，古堡的历史可追溯到 2500 年以前。这些，容我在此文中先不多说。

倒是另外两个因素引发了我特殊的兴趣，以致忍不住想在这里聊发一段太极之思。

　　巴姆属于克尔曼省，当地资料云，"克尔曼"这个地名其实源于"日耳曼"，它印证了伊朗人、波斯人的雅利安人血统，印证了他们属于日耳曼和印欧语系的历史。

　　古文字学界也有人认为，大流士一世在"神仙之地"巴加斯坦所立的《贝希斯敦铭文》不在别处，就在今天伊朗的克尔曼沙赫城西北 30 公里的山崖上。而"克尔曼沙赫"就是"日耳曼王"的意思。这就从语义和语音历史演变的角度，再一次显示出了克尔曼与日耳曼、波斯人和雅利安人在血统上的关联。

　　记得我 30 年前第一次出国，是应蒙古国艺术联合会邀请，随中国文联代表团访问乌兰巴托，团长是时任中国文联书记处书记的董良翚女士，她是革命元老董必武的女儿。我们发现在蒙古草原上竟然很早就有日耳曼民族生存的印迹，但当地都叫他们"凯尔曼"人。为了验证，还专门去"凯尔曼"人开的餐厅吃了一顿西餐。他们的确不是现代移民，而是世代祖居于此的日耳曼人。这令我这个孤陋寡闻的人好生惊异。不想到了伊朗，又遇上了类似的民族大迁移、大交流的历史景观。"日耳曼——克尔曼——凯尔曼"，这中间该有多少人生的悲欢离合和历史的起承转合呢！

克尔曼是古代陆上"丝绸之路"和"香料之路"的必经之地。由此向南，距波斯湾不过三四百公里，古代的霍尔木兹港又是这里与海外通商的重要港口，中国和印度的商品源源不断由东往西运到这里。因此有学者认为，克尔曼一带的丝织技术是从中国传入的。无独有偶，马可·波罗也曾经于 1271 年来到克尔曼，表明当时地中海由西往东的航线也已开辟，克尔曼已经是连接海上丝路和陆上丝路、连接波斯湾海域和中亚内陆重要的贸易商业中心了。

克尔曼只不过是古代陆、海丝路的连接点之一，而且不是最大、最著名的。现代经济和文化交流的共同需要，使得亚欧两大洲在经济文化的许多领域，在不同的地域主动向对方伸出了友谊合作之手。

2014 年夏天第一次丝路万里行时，我们到访过希腊的比雷埃夫斯港。比港是希腊最大港口，也是地中海东部最大、排名欧洲前十的集装箱码头。当时，中国的中远集团投资 40 亿管理着其中两个码头。我们去之前 4 个月，中远海运集团又正式收购了比港 67% 股权。我们离开之后一个来月，李克强总理访问了巴尔干半岛诸国，并与相关国的领导签订了匈比快线协议。这条铁路快线南起希腊比港，北至匈牙利布达佩斯，中经马其顿和塞尔维亚，直接辐射人口 3200 多万。建成后将成为中—欧陆海丝路一条更便捷的新通道。这使比港一时成为外电关注热点，纷纷评价它是中国当代陆海丝路两相衔接的一次战略性成功。

其实在此之前，营运多年的中—哈—俄和延伸至中欧、东欧的国际铁路，通过中欧班列联运，早已在波罗的海、北海、圣彼得堡、阿姆斯特丹、鹿特丹（欧洲第一大港）有了出海基地。近两年陆续联通的西安至德国汉堡（号称"欧洲的大门"）、义乌至西班牙马德里（南经直布罗陀海峡可直达北非）等多条中欧班列，使陆上、

中巴铁路模拟路线图

海上丝路在整个欧洲由北到南的各主要港口联为一体。"一带一路"已经成为钢铁之路和碧波之路的兄弟姐妹之间的联袂组合。

而由希腊往东看，中巴经济走廊构筑了从中国喀什到巴基斯坦瓜达尔港几乎是直线的、最便捷的陆海通道。全长3000多公里，东北接"一带"，西南连"一路"，是一条包括公路、铁路、油气和光缆通道在内的立体贸易走廊。2016年11月13日，由中方运营的瓜达尔港正式开航了！当天下午3时许，中远"惠灵顿"轮船从新建的瓜达尔港出发，将来自新疆喀什的货物，转运到中东和非洲。这之后不久，就在我们车队到达伊朗准备朝巴基斯坦进发时，中巴陆上经济走廊的第一个货运重卡车队也由喀什起程南行，从新闻照片上看，长长的车队在行进中卷起一绺烟尘，那风尘仆仆的丝路烟尘，好壮观。

建设中巴经济走廊，使中国西北有了较近的出海口，也优化了巴基斯坦在南亚的区域优势，对中巴两国发展具有强大推动作用。但远不止于此，它更有助于促进南亚、中亚、北非、海湾国家等国紧密联合在一起，形成惠及近30亿人口的经济文化共振。

丝路云谭 ▶▷

除此而外，"一带一路"沿线还有许多正在筹划，或者已经签订了初步协议的大项目。譬如：

与以色列共建的打通红海和地中海的铁路，以及埃拉特港口的建设，这条铁路和苏伊士运河几乎平行，意义不言自明；

与孟加拉国共建的由首都达卡至杰索尔贯穿该国西南部的铁路网骨架；

与缅甸共建的油气管道已经开通造福两国，标志着我国连接印度洋的能源通道正式开辟，这也是"孟中印缅经济走廊"的标志性工程；

与泰国共建的横贯泰国南部克拉地峡的克拉运河。这条双向航道运河修成后，不必穿过马六甲海峡，便可以从太平洋的泰国湾直接进入印度洋的安达曼海，航程至少缩短1200公里、2—5天时间；

与马来西亚合作建造的涵盖旅游、货运、贸易多种功能的马六甲新港"皇京港"，建成后将成马六甲海峡的最大港口；

与斯里兰卡共建的汉班托特港及其经济特区，可提供上百万就业机会，基本可以解决当地的失业困扰；

还有亚洲18国拟议共建的泛亚铁路。这条贯通亚洲大陆、筹划了近50年的铁路网，规划已经签订，将来由4条"钢铁丝绸之路"构成的黄金走廊，加上纵横交错的干线和支线，将在南亚编织起一个巨大的经济合作网络……

这些拟议中的规划，全部落实可能需要较长的时日，也可能会遇到这样那样的困难和变数，但它们将和已经贯通了的陆海丝路项目一道，为我们勾勒出了一个亚欧两大洲陆海共进的宏伟蓝图。其中每一个项目，都不止有利中国，打通了中国的经济文化脉络，同时也拓出了中亚、中东、南亚和整个欧洲发展的新天地。只要想想，港口由于有了现代铁路公路的纵深，将会给所在国拉动多少内需和就业；而陆上道路由于有了港口和航道，又会给各

伊朗阿尔达比勒城中国瓷器博物馆，件件展品印证了海上丝路在古波斯的足迹

国集聚多少外贸，道理就不言自明了。

　　亚洲和欧洲，我们这个星球上两位巨无霸的千手观音，在"一带一路"的倡议下，相互伸出了她们千百只手，亲昵地环扣着对方的十指，挽起了对方的胳膊。

　　我们的车队在这块古老的土地上排成一个长列疾驰着。十几辆车的尾灯打着双闪，显示出一种秩序和镇定。我脑子里闪出过去、未来的镜头，又让车队尾灯那种亮点的缀连和秩序性的归纳，串到一起。思古之幽绪，发今之豪情，在心里编织起长长的锦缎。

　　我想到了"太极合抱"。

　　丝绸之路上，陆路和海路在各地的无缝对接和交汇，分明在地球上画出了一幅阴阳太极图！如果将太极图的方位顺时针横转90度，阳鱼、阴鱼分别代表的陆上丝路区和海上丝路区，那格局便立见分明。原来"一带一路"的科学决策，内里还体现了中国古代合抱天下的太极理念，在变易中实现动态平衡的理念。

太极图以阴阳双鱼将世界一分为二，同时首尾合抱，圆满一体，在不同中大同，在不同中大和。太极图可以说是个全息图，太极思维是一种全息辩证思维，太与极两极之间包容无数层次和系统，却又浑然一体。"一带一路"战略便体现了这样一种总体性、全息性思维。

"一带"，陆上丝路作为太极图中的阳鱼，东方起点集中于黄河中游的长安—洛阳一线；西方的终点则撒播于北欧、中欧、南欧各国，形成了向西辐射的鱼形图像。"一路"，海上丝路作为太极图中的阴鱼，东端的出发点很多，在中国东呈弧形展开。但航向相对集中，大都向中国南海，通过马六甲海峡，经印度洋进入地中海，直指南欧、北非各国，在上述列举的各大海港与陆上丝路相连接，又形成向东辐射的鱼形图像。

这样便在空间上、气势上形成一种太极合抱之势。注意，是合抱，绝不是合围，而是要打破合围，让中国和世界在一个新的维度和深度上，以和平、发展为主题，相互进入，联手共进。这是一种全球发展和全维覆盖的科学思维，是中国与世界一次旷古罕有的，有实质又有温度的和平拥抱。

百年之前，梁启超对中国的祝福何等让人热血沸腾：红日初升，其道大光。河出伏流，一泻汪洋。潜龙腾渊，鳞爪飞扬。乳虎啸谷，百兽震惶……美哉我少年中国，与天不老！

当年梁任公是那么热切而望眼欲穿地期望中国能够拾回伟大复兴的荣光，公若地下有知，看今天的中国，可以瞑目矣！

车队在不息地奔驰，我的思绪也一直这样无边际地飞扬着，向着遥远的远方。

2016 年 11 月 20 日，于乌鲁木齐哈密大厦

179

"皮实"的印度人

万里行车行队先遣队有几人已进入印度，我们 20 人因是记者签证，后一步也将进入印度。翘首以待，忍不住改发一篇旧文供各位分享。时间恰好过去了 20 年，印度崛起的消息不绝于耳，我热切地期待即将在我们面前展开的，是友好邻邦一个个新的景观。

就我访问过的几个国家，印度怕是和中国比较相像的了。和中国一样，印度人口的稠密你在哪里都能感觉到，而印度人活得"皮实"，更远远超过中国人。

按说老天爷是很偏袒印度的，当我们乘印航班机由泰国曼谷北上，飞沿喜马拉雅山到达尼泊尔的加德满都，再朝南折向印度新德里，这个感觉特别强烈。喜马拉雅山以北，白茫茫的雪峰在地极天际万头攒动，全是人类无法生存的生命禁区。从加德满都稍一往南，大约十来分钟的航程，万丈高原在瞬息之间就降落成了千里沃野，只见恒河，次大陆的生命河，静静地在绿地上流淌。飞机上的中国人都惊叹，咱们的生存环境和人家怎么比？没法比！但一出新德里机场，如潮如涌的人流车流便扑面而来，"人口大国"四个打着惊叹号的黑体字一下子推到你眼前。生存环境再好，恐

怕也是难堪十多亿人口的重负了。

印度一些城市的公共汽车到站不靠路边的站牌，因为没法挤进慢行道上密匝匝的摩托车、自行车流，便那样像抛了锚似的停在马路中间，乘客只好穿行于人群车流的缝隙中，从人行道冲过来上车。公共汽车窗子少有玻璃，行车也不关车门，像条大鱼慢慢地在车流中游动，由于车速慢，有能耐的年轻乘客可以忽地跳上正开的车。在中南部小城阿犍德，我亲眼看见一个小伙子从正跑着的摩托车后座上飞身跳进正跑着的公共汽车，而车上车下竟没有人阻止也没有人惊异，倒是我少见多怪了。

在印度，路上跑得最多的是两种小车，私家车以从日本引进的黑色小奥拓为主，和当时重庆、西安产的长安奥拓、秦川奥拓一个型号。公务车以从苏联引进的一种老车型为主，和二十世纪我们七八十年代街上跑的"老上海"一模一样，只是大都是白色。一白一黑塞满了大大小小的街巷，你于是恍若穿越时空隧道回到了十年前的中国。

在印度，你常能看见合家挤一辆摩托逛街，黝黑而俊美的男子开着，后面是妻子搂着个小儿子或奶奶搂着个小孙子，前踏板

或前油箱上总还会站着或坐着一个更大一点的孩子，便这样说说笑笑、优哉游哉地穿街而过。

印度的铁路里程以前一直比中国多，现在也不比我们少，但往往铁路边上就有人口稠密的集镇，加之月台和路基两边的防护设备差，让人看着都捏一把汗，他们却不在乎。印度的火车也慢，和汽车一样也敞着窗子，上车时一拥而上，车门口挤不上去或者等得不耐烦了，便从窗口爬进去，那神态是极其自然而自得的。

去阿犍德石窟途中，路过奥兰加巴德城，正值中午下班时分，街上的人潮像发了大水，人和车浮在水面上浩浩荡荡朝前涌动着。过十字路口时正遇红灯，大家便都堵在那里。我看见一辆人力车竟拉了6个人！夫妻俩坐在靠座上，怀里各抱一个小小孩，踏脚斗上还蹲着两个八九岁的半大孩子。看来这是一家6口了。我举起了照相机，不料在镜箱里又多出了两个人，两个要饭的孩子，站上了车后的横档，手从夫妻俩肩膀中伸出去讨钱。钱未讨到，绿灯已亮，车夫不管背后的三七二十一，连两个要饭的孩子一齐拉上就跑，一车8人呀，就这样堂而皇之招摇过市，既无人制止，也无人称奇，看来在当地这算是常态了，倒是很饱了我们中国人的眼福。

论开发之早、人口之多、秩序之乱，印度次大陆紧东边面向孟加拉湾的加尔各答可以名列前茅。在繁华大街的安全岛上，常

有无家可归的孩子以行乞为生。有天早晨，我们去海边的一座印度教寺庙参观，车过十字路口，被红灯拦住。马上有两个孩子从安全岛上跑过来，大的十来岁，怀里抱个三四岁的小孩，由小的负责伸手要钱。我正找卢比，绿灯亮了，车动了，只好作罢。回头注视他们，只见大的将小的放下，一齐跑回安全岛，那里还有一个孩子，用绳网在两棵行道树上系了个小秋千，于是三个孩子嬉闹着继续他们中断了的游戏。我本有几分悲悯，却让他们对以行乞为生的童年如此天然的适应，弄得有点尴尬。好像倒是我杞人忧天了！

那庙建在岛上，有长长的海堤和陆地联结。海堤最多20来米宽，两边却排满了流浪者，他们叫卖小商品，不屈不挠缠住你讨价还价，生意吹了便乞讨："我喊了一大早，你得给我几个卢比。"许多人全家吃住都在这海堤边上，有的用纱丽蒙头而睡，有的撩着堤下的脏水洗脸，有的干脆架火做吃的，随遇而安，自得其乐，就这样贫困而皮实地生活着。

而在次大陆紧西边的另一座大城市，这座全国现代化程度最高的、面向阿拉伯海的新兴城市，一到郊区，在摩天大楼群的脚下，就能看到成片的，用包装箱、广告板和塑料布、麻袋布搭建的简陋的贫民窟。在其中生活的人恐怕要以六位数计。好在地处热带，有饥而无寒。

游完红堡、泰姬陵和南方的文物洞窟、西边的孟买，东边的加尔各答，又回到新德里。那天已是夜色迷蒙，我徜徉于街头，向印度作最后的告别。灯光下，行道树浓荫匝地，人行道上这里那里随地睡着人，身上只裹着一块纱丽，又铺又盖。这些生活在城市最底层的人们，整整劳累了一天，有的打着呼噜，有的咂着嘴，睡得很甜。无拘无束的牛，在睡着的人中悄悄游动，真的有了一种神圣感。我从这些活得皮实的印度人身上感到了一种力量，能够在任何环境中生存而不失自信、而能奋发图强的民族，是一个

生命力强大的民族。这样的民族绝不可小视。从印度回来的这一两年里，有关印度经济科技崛起的报道不断，有人感到突兀，我却觉得必然。能够那样韧性生存的民族，有了适宜的条件和环境，是决然会干出惊天动地的事的。

　　我尊敬这样的民族，一如尊敬我亲爱的中华。

2004 年 7 月 4 日，写于西安不散居

2016 年 11 月 20 日，乌鲁木齐哈密大厦选改

华人杜环流徙丝路十年

•
•
•

被俘怛罗斯，参战古波斯，建设巴格达，流徙丝绸路，寻找十余年，写作《经行记》……曲折的经历充满了传奇，传奇的经历锻造了强韧，强韧的生命因文字永存。

谈到纸张在丝路的西传，必然要说中唐大将高仙芝在怛罗斯（今哈萨克斯坦塔拉兹）大战中的失败，一些随军造纸工匠做了突厥人的俘虏，留在了当地。几十年后，这里开始造纸，并以"撒马尔罕纸"的名义向土耳其一带传播，最后入传欧洲。这段史实我已有文章，不过，其中有一个人需要专门拎出来再写几笔，那就是杜环和他的《经行记》。我对杜环素无研究，这里只是引用一些资料（资料也并不很翔实），向读者们介绍这个传奇性人物，以证明古丝路上，除了张骞、法显、玄奘，还聚集了多少中华铁血男儿。

杜环是在怛罗斯之战中被俘的唐军之一。他只是唐军中一个普通得不能再普通的士兵，至今不知道他的生卒年，只因为他与后来的宰相杜佑同族，我们才推测出他可能是西安人。他和他被俘的战友稍有不同的是，动笔写了一部《经行记》，对自己在异域

○丝路万里行之
重走玄奘之路......

184

曲折坎坷的人生做了一点文字记载。尽管这部书没有完整保存下来，只有千多字的残页，但我们还是可以从那些片断的文字中推测出他在丝路上辗转的大致行踪。

杜环被俘后，经过撒马尔罕（今乌兹别克斯坦）前往木鹿（今土库曼斯坦地界），随后被编入艾什阿斯的呼罗珊（今塔吉克斯坦与伊朗、土库曼斯坦、阿富汗一带）禁卫军，期间可能参加过伊朗的平叛，巴格达（今伊拉克）新都的建设。后来，再经北非的埃及去了突尼斯甚至摩洛哥，随后又回到大马士革（今叙利亚）地区。最后，他朝西南穿过阿拉伯沙漠，经北非阿克苏姆王国（今埃塞俄比亚和厄立特里亚一带），从红海经海上丝路回国。

《经行记》对沿途各地都有简约的文字记载。这位陕西西安人虽然比他的同乡张骞、班超晚生了几百年，却比张骞、班超在古丝路上往西跑得远多了。

对那场决定大唐和他个人命运的怛罗斯战役，杜环在《经行记》中描述得非常简约："勃达岭北行千余里，至碎叶川。川东头有热海，兹地寒而不冻，故曰热海。又有碎叶城……其川西接石国，约长千余里；川中有异姓部落，有异姓突厥，各有兵马数万……其川西南头，有城名怛罗斯，石国大镇，即天宝十年，高仙芝兵败之地……"这一段文字比玄奘《大唐西域记》中对伊塞克湖的记录要晚一百多年，两相对照，热海的自然景观并无大的变化。

杜环被俘后被带到古康国的撒马尔罕（今乌兹别克斯坦），那时唐军战俘的第一个造纸作坊还没有建立，当地也没有完全伊斯兰化，他看到的主要还是袄教（拜火教）。

他可能在当时的呼罗珊总督驻地木鹿（今土库曼斯坦马雷）被编入阿拉伯军队。呼罗珊地区连接着伊朗高原与中亚两河流域，呼罗珊，意为"太阳升起的地方"。《经行记》对木鹿的描写较为详细，他看到的是一座建在沙漠绿洲上的城市，盛产葡萄和寻支瓜（似为西瓜），由于伊斯兰教影响日增，有两所佛寺但不景气。他可能在这里住了较长时间，后来便随禁卫军奉调回阿拉伯帝国的中心两河流域。

在大食国被俘期间，杜环在《经行记》中记录了当地伊斯兰教的一些风俗，这可能是中国人关于伊斯兰文化最早的文字记录了："大食一名亚俱罗。其大食王号暮门，都此处。其士女瑰玮长大，衣裳鲜洁，容止闲丽。女子出门，必拥蔽其面。无问贵贱，一日五时礼天，食肉作斋，以杀生为功德。系银带，佩银刀，断饮酒，禁音乐。人相争者，不至殴击，又有礼堂，容数万人。每七日，王出礼拜，登高座为众说法曰：'人生甚难，天道不易，奸非劫窃，细行谩言，安己危人，欺贫虐贱，有一于此，罪莫大焉。凡有征战，为敌所戮，必得升天，杀其敌人，获福无量。率土禀化，从之如流。法唯从宽，葬唯从俭。'"这些1300年前纪录的中亚伊斯兰地区的生活状态、宗教教义、行为规则和民情风俗，与当下伊斯兰文化世代相袭，至今没有多大区别。你可以感觉到安拉的精神通过穆罕默德缔造的宗教信仰，产生了多么大的时空穿透力。

曼苏尔（754年）继承阿拉伯帝位后，决定建都于巴格达。据《阿拉伯通史》介绍，巴格达原来是一个村落，本义为"天赐"。曼苏

○经落万里行之
重走玄奘之路……

186

尔说："……这里有底格里斯河，可以把我们和远方的中国联系起来，可以把各种海产和美索不达米亚、亚美尼亚及其四周的粮食，运来给我们。这里有幼发拉底河，可以把叙利亚、赖盖及其四周的物产，运来给我们。"新都被命名为和平城，呈圆形，故又称团城。以王宫为圆心，禁城、内城、外城，构成三个同心圆。三套城墙分别有等距离的四道门，四条大街从门里辐射出来。都城建成后，很快成为重要的商业中心和国际政治中心，除君士坦丁堡。

巴格达建城的四年，杜环恰好在此停留。因而这座城市有幸在《经行记》中留下了一段珍贵的文字。杜环所描述的可能是还在建设的新都，"亚俱罗"可能是和平城（Al-Salām）的音译，"大食王号暮门，都此处"应该是曼苏尔在这里建都。请看杜环的描述：

"郛郭之内，里闬之中，土地所生，无物不有。四方辐辏，万货丰贱，锦绣珠贝，满于市肆。驼马驴骡，充于街巷，刻石蜜为卢舍，有似中国宝舆。每至节日，将献贵人，琉璃器皿、宝石瓶钵，盖不可算数。粳米白面，不异中华。其果有偏桃、又千年枣，其蔓菁根大如斗而圆，味甚美，余菜亦与诸国同。"

一个多么繁华的都城！

有学者考证，呼罗珊禁卫军在拱卫、督建京师的同时，也直接参与建设，还从叙利亚、巴士拉、呼罗珊等各地延请工匠，有很多中国俘虏也逐渐成为城市的工匠，于是被杜环记载下来：

"绫绢机杼、金银匠、画匠、汉匠起作画者，京兆人樊淑、刘泚；织络者，河东人乐、吕礼。又以橐驼驾车。"（《经行记》）

他还看到很多东罗马帝国的俘虏，描述了他们的手工技艺和生活习惯："拂菻国在苫国西。隔山数千里，亦曰大秦。其人颜色红白，男子悉著素衣，妇人皆服珠锦，好饮酒，尚干饼，多工巧，善织络，或有俘在诸国，守死不改乡风，琉璃妙者，天下莫比。"（《经行记》）

杜环所到最远的地方是摩邻国。这个摩邻国，"其人黑，其俗犷，少米麦，无草木，马食干鱼，人餐鹘莽，鹘莽，即波斯枣也。瘴疠特甚。"（《经行记》）他是从今天伊拉克的巴士拉省朝西南穿过沙特阿拉伯大沙漠约两千里到达摩邻国的，这里应该是靠近阿非利加的摩洛哥或突尼斯了。然后他又随军拐回到叙利亚，即苫国，记叙了苫国见闻："苫国在大食西界，周回数千里。造屋兼瓦，垒石为壁。米谷殊贱，有大川东流入亚俱罗，商客粜此籴彼，往来相继。人多魁梧，衣裳宽大，有似儒服。"（《经行记》）

在叙利亚，杜环终于找到了回故国的机会：沿幼发拉底河至即将建成的新都巴格达，此时他描述的新都更加生动繁华。然后又沿底格里斯河从巴士拉到波斯湾，这是巴格达兴盛后一条繁忙的商路，有很多往东土去的商船。也有资料说杜环是从非洲东北部红海边的厄立特里亚乘船回国的。前后漂泊十余年，始终在寻找落叶归根，回归故国的机会，这位陕西乡党真不简单。

杜环从海路回国路过了斯里兰卡，这从他对"师子国"（狮子国，斯里兰卡古称）的记录中得到印证："师子国，亦曰新檀，又曰婆罗门，即南天竺也。国之北，人尽胡貌，秋夏炎旱。国之南，人尽獠面，四时霖雨，从此始有佛法寺舍。人皆儋耳，布裹腰。"（《经行记》）

杜环所乘商船762年在广州登岸，流离十余载，历尽坎坷，游子终于回到自己的故土。

此时的中唐，安史之乱已到末期，唐代的历史，从这两个节点拐弯，开始了下行的脚步。

怛罗斯之战不但完全改变了杜环的命运，也极大地改变了中亚乃至世界历史的进程。唐朝自此退守葱岭以东，中亚地区随即加快了伊斯兰化进程，各地藩镇趁机割据坐大，唐朝国势日渐衰微。惨胜的阿拉伯帝国在战争的消耗中也丧失了统治的稳定性，不得不终止了向东扩张。而怛罗斯之战的两军统帅，无论是胜利的齐雅德还是失利的高仙芝，最终都免不了被诛杀的结局。他们带领

军队改变了历史，却改写不了自己的宿命。

只有残缺的《经行记》，以文字符号将历史转化为文化，反倒获得了永恒。虽是回国后的追忆之作，字里行间却埋伏着极大史料文献价值。可惜的是全书已经湮灭，只有他的同宗、后来当了宰相的杜佑在他著述的《通典》中引述了不到 1500 个字，历史真实的声音才得以保存。而《通典》对杜环的旅程，却只简单地写了一句话："杜佑族子，随镇西节度使高仙芝西征，天宝十载至西海，宝应初，因贾商船舶自广州而回，著《经行记》。"（《通典》）

个人在历史面前是如此无力与无奈，身似飘絮被命运无端裹挟，十载旅程似丝线随时可断，杜环有生之年还能回到故乡，人生算得是圆满了。彪悍的人生不需要解释，让我们拥抱他满身的风尘与沧桑吧！

2016 年 11 月 22 日，于乌鲁木齐哈密大厦

丝路云谭 ▶▷

古丝路上的"飞去来"器

•
•
•

终于到达印度！

站在德里印度独立门前，挤在车流和人流之中，听着你不懂但热烈异常的叫卖和谈笑。纱丽在鲜艳而热烈着，骄阳在你周围鼓荡着。生命的光斑在耀动着，生活的花圃在蓬勃着。印度永不枯竭的活力真让我感慨万千。

印度这个多灾多难的国家，历史上被太多的入侵者征服过，从古至今算下来不下十几次吧。从古印欧人即雅利安人开始，波斯大军和亚历山大的希腊远征军、贵霜王朝的大月氏人、被称为嚈哒的白匈奴人、突厥人、乌兹别克人、阿富汗人、蒙古人，最后是英国人，都占领过这块土地。一个个王朝臣服于外族人的干戈之下，唯一不屈服的是涌流不绝如恒河波浪的民间生活。军事入侵是疆域的瓜分和文化的杂交，这当然是一出悲剧，但同时又是文化基因和血缘基因一次次动态的重组和重组中的复壮，又未尝不是一件好事，是一出让你流泪的喜剧！印度在近代沦为英国殖民地，致使英语在社会上相对普及，独立之后，英语成为印度在现代化进程中和世界接轨的一个重大优势，不是这样吗。

世界史是由一个一个民族的历史组构而成的，这种组构从来不是静态的、物理空间的拼接，而是化学反应式的动态渗透变化。这种组合也主要不是坐在谈判桌上签订什么什么条约，在古代，更多是实力，甚至是武力的较量。

于是便出现了许许多多"多米诺骨牌现象"和"蝴蝶效应"。你这里朝北一出拳吧，不定什么时候在万里之遥的西方或许是南方，竟有个勇士扑地倒下了，或者有条汉子又顶天立地站起来了！

马其顿帝国的亚历山大大帝三战而败波斯帝国的大流士三世，我们正为历史上第一个横跨亚欧非三大洲的伟大帝国就此拉上帷幕而扼腕叹息，岂不知对印度人来说这正是天大的喜讯：压在他们头上的波斯帝国垮了！之后不久，战线太长、无暇多顾的亚历山大又撤出印度，给印度腾出了发展壮大的空间。公元前322年，被称为月护王的旃陀罗笈多，得以建立起印度历史上第一个帝国式的政权——孔雀王朝。孔雀王朝在阿育王时期到达巅峰，完成了对南方的征服，把整个印度统一于帝国政权之下。这是印度历史上第一个"本土"建立的政权。故而有学者说，波斯帝国的衰弱对孔雀王朝的兴起起了助推作用。

当年不可一世的匈奴，将西域、中亚各小国蹂躏于铁蹄之下，大月氏（就是张骞去那里想与他们联合抗击匈奴的部落），惹不起躲得起，被逼得不断西迁、南移。想不到丰饶的印度次大陆张开双臂接纳了他们，给他们提供了极好的发展空间。自此大月氏融入印度各个地区小国，逐渐壮大，在北印度建立了贵霜王朝，史称贵霜帝国。这个帝国有多大呢？它被历史学家视为和罗马帝国、大汉帝国、安息帝国并列的古代四大帝国！

世界文明的两大瑰宝——大乘佛教和犍陀罗艺术就是在贵霜王朝时期融汇各方文化孕育生成的。我们知道，佛教后来又北传中原，佛文化的精粹与儒文化、道文化，构成了中国人三足鼎立的精神基座。而犍陀罗艺术对中亚、西域文化的影响，也早已被无数石刻和洞窟艺术中的文物真品所印证。在唐开元时期风行朝野的《霓裳羽衣》乐舞中，有着明显的婆罗门音乐的回响，有学者甚至认为，《霓裳羽衣》乐舞是音乐家李隆基根据婆罗门音乐改编的。

历史在这里划出了一个美丽的弧！匈奴用武力将大月氏赶了出来，他们又以文化变异的方式回归到了原有那块土地上！历史老人祭出一个"飞去来"器，在北半球的天空以360度转体表演了一个无比美妙的回旋！

到了大汉帝国，从汉武帝开始，卫青、霍去病、李广、窦宪、耿忠屡出重拳，几拳打将下去，匈奴溃不成军，使得南匈奴归顺于汉并渐融于汉，北匈奴则被逐出漠北高原，在冰天雪地之中向西挺进。从此北匈奴就像断线的风筝，突然失去了踪影。后来，由西方而东方，经过学者的考证研究，才发现了北匈奴的足迹。在漫长的西迁途中，他们的铁蹄一连踢出十几脚，每一脚都发力极猛，引发了欧洲历史的"多米诺骨牌效应"。

第一脚踢到伊犁河和锡尔河流域，搅乱了西域和中亚这盘棋局；

第二脚踢到顿河、里海，让高加索各国狼烟滚滚，古俄罗斯地界强悍的哥特人乱了方寸；

第三脚踢到了多瑙河以东，古俄罗斯从此国无宁日，欧洲各国忐忑不安；

占据南俄罗斯草原后，匈奴人得以休整，人口急剧增加，实力日见壮大。于是踢出第四脚、第五脚、第六脚——渡过多瑙河骚扰罗马帝国；进击美索不达米亚攻占爱德沙城；并入侵波斯帝国的萨珊王朝。

西进第七脚，掠去整个多瑙河盆地。罗马分裂为东、西两个帝国之后，匈奴大单于更是野心勃勃，自炫说，凡是太阳能照到的地方，只要愿意，他都能征服。不久果然掠去了整个多瑙河盆地，

兴教寺

逼迫多瑙河流域的各部族西进罗马腹地，而这个大单于自己也战死于沙场。

西进第八脚，建立以匈牙利平原为中心的匈奴帝国，王庭就设在今天布达佩斯附近，他们逼迫罗马帝国开放边境、缴纳贡金。匈奴人在东方失去的荣耀终于在西方找了回来。

西进第九脚，在高卢之战中，以上帝之鞭惩罚了西罗马。匈奴帝国进入鼎盛时期，整个欧洲都沉浸在恐惧之中。阿提拉掌权后，立即发动战争，矛头首先指向北欧和东欧，许多日耳曼和斯拉夫部族纷纷投降，而盎格鲁撒克逊人则被赶到英伦三岛。

西进第十脚，大举进犯罗马帝国。先打东罗马帝国，铁骑长驱直入，兵临其首都君士坦丁堡城下，东罗马被迫求和，赔款纳贡，耗尽了国力。此时匈奴帝国的疆域已东到里海，北到北海，西到莱茵河，南到阿尔卑斯山，可谓盛极一时。于是阿提拉又将目光投向西罗马帝国。他先提出羞辱性条件，要娶罗马皇帝之妹为妻，并以一半国土做嫁妆，遭到拒绝后，便集中 50 万大军发动了高卢大战（今法国地界），西罗马城市如同虎口猎物，被一个一个吞噬摧毁，在巴黎市郊大决战时，双方战死竟达 15 万人。最终匈奴退回莱茵河。

452 年，阿提拉再次发动对西罗马的战争。匈奴军队翻越阿尔卑斯山，摧毁了意大利北部所有的城市，直捣古罗马城。也许是天意，决胜之前匈奴军中突发瘟疫，而东罗马帝国的援军也快赶到，阿提拉只得下令撤军，满载着抢夺的财物扬长而去，留下一片废墟。

453 年，阿提拉娶了一名少女为妃，却在新婚之夜神秘地死去。匈奴帝国瞬间瓦解崩溃，被迫退回了南俄罗斯草原。这同时，西罗马帝国也走向了绝路，从此双方逐渐沉寂，直至被苍浩的历史淹灭，剩了个"白茫茫大地真干净"！

匈奴西迁，也是个在历史天空中扬洒着血肉的"飞去来"器，它扫荡了在朝西飞翔过程中的一切障碍物，引发了亚欧大陆政治棋局变化多端的"多米诺骨牌效应"。出乎意料却也在情理之中的是，这个"飞去来"器在北半球的历史宇宙划出一道美丽的彩虹之后，却飞回来击中了自己。由于发力过猛，匈奴倒在自己甩出的凶器之下，酿成了一幕凶险的历史悲剧！

不过，换一种眼光看，在漫长的时光中，匈奴像拌奶酪那样搅拌欧洲，其实也是对东、西方文明交流一次又一次的激活。匈奴西进引发的民族大迁徙和文化大融汇，拓宽了古丝路的空间，也为丝绸之路连接起来的亚欧两大洲奠定了文化和心理的历史认同。东、西罗马帝国的衰亡，更是推动了欧洲古典奴隶制的瓦解，推演了欧洲的大变革，催生了许多封建王国，奠定了欧洲政治、文化的新格局。

匈奴西迁，也使本民族生活方式由游牧向农耕转变，还将青铜文化和中华文明带入了欧洲，形成了中华文化与波斯、希腊、

罗马，以及印度文化的大碰撞大融汇，促成了欧洲文明和中华文明的多元发展，使欧洲出现了早期的中国学，中国出现了早期的欧洲学。随着匈奴西迁的深入和时间的延续，在东方与西方文化、草原与农耕文化、乡村与城市文明的一次次激荡交融中，来自大漠草原桀骜不驯的匈奴文化最终完全融合进欧洲文明体系之中。

教科书中平静叙述到的匈奴西迁，就是这样像一把尖锐的匕首深深插进了历史老人的胸口！它实在是旷古未有的千年历史之痛，万里亚欧之痛！

唉，我可笑而又可怜的人类啊，为什么你们总是见不得又离不得呢？为什么你们总是不是冤家不聚头呢？为什么你们总是在你戳我一拳、我踹你一脚中却又不离不弃地一道朝前走呢？为什么一会儿好了，一会儿恼了；一会儿笑脸相迎，一会儿反目成仇；一会儿勾肩搭背，一会儿拳脚相加呢？难道人类命定就得这样连滚带爬地一个世纪一个世纪走过来，又一个世纪一个世纪走下去吗？我的无比智慧又何等糊涂的先祖后人、父老乡亲、兄弟姐妹啊，请你们回答我。

2016 年 12 月 9 日，进入印度、经新德里奔向瓦拉纳西途中

第一个走过陆、海丝路的高僧

●
●
●

　　过了 65 岁,他决心西行天竺取经。先行者的骨殖就是他的路标,只要有人走过,就是他向前的路。

　　70 岁高龄,他开始学习梵语和梵文,为了能把口耳相传的律藏写下来。

　　78 岁,他在海上风暴中漂泊到斯里兰卡和印度尼西亚,而后辗转回到阔别 14 年的故国。

　　77 岁到 80 岁之间,他与印度高僧一道翻译大众部 40 卷《摩诃僧祇律》百余万言。

　　86 岁功德圆满,圆寂于荆州辛寺。

　　他就是东晋的高僧法显。

　　在北印度行走,法显和玄奘两位高僧几乎像阳光下车队印在路上的影子,一直如影随形地"跟"着我们。"玄奘之旅"作为这次万里行的冠名,随着那烂陀寺的临近,气场越来越浓郁了;而法显衰年西行,古稀的年龄和我近三年走丝路的年龄何其相仿,沿途那艰险、困苦,身体和心灵的种种感应,我无一不能感同身受。而以 1600 年前孤旅天涯的条件,是应该放大多少倍来感受的。

　　山西人法显,三岁就被家人送到佛寺度为小沙弥。十岁父亲

○丝路万里行之

重走玄奘之路……

196

去世。叔父要他还俗。法显不从说："我本来不是因为有父亲而出家的，是想要远尘离俗才入了法门。"不久母亲也去世了，他回去办完丧事又回到寺内。法显性情纯厚，奉请至诚。有次与同寺僧人收割水稻，有人来抢粮，大家吓得争相逃走，法显却站着未动，说："你们要真是没吃的，就随意拿吧！你们现在这样贫穷，是因为过去不布施，再抢夺他人粮食，恐怕来世会更穷啊！"说完从容还寺，抢粮的人竟被他说服，弃粮而去。寺中僧众莫不叹服。

法显决心西行天竺取经时，已经过了 65 岁。在他所处的时代，这个年纪已属高龄，无论僧俗，都是修身修行，颐养天年的时候。法显为什么不顾年事已高，毅然西行呢？这源于他对在中土建立教法戒律的宏愿。当时汉地佛教日渐兴盛，以寺庙为中心形成了众多僧团，对弘扬佛法起了很大作用。但却缺乏戒律和法度对僧团做有效的管理，影响了僧团稳定地存在和佛教长久的发展。有不少高僧致力改变这种状况，收效不是很大，这成了当时中国佛教发展迫在眉睫的问题。法显西行就是为补律典之阙，稳固佛教的生存根本，如他在《佛国记》中说的"常慨经律舛阙，誓志寻求。""所以乘危履险不惜此形者，盖是志有所存。"信仰产生责任，目标激发生命，这位老僧于是义无反顾走上西行求法的漫漫长路，"投命于必死之地，以达万一之冀"，希望虽是万一，必死也要争取。

公元 399 年春天，法显同慧景、道整、慧应、慧嵬四人一起，从长安向西进发。次年，到了甘肃张掖，又有智严、慧简、僧绍、宝云、僧景五人加入，加上后来的慧达，组成了总共十一个人的"巡礼团"。"巡礼团"经河西走廊、敦煌以西的沙漠到今天新疆的焉耆附近，向西南穿过塔克拉玛干大沙漠抵于阗，南越葱岭，取道印度河流域，经过巴基斯坦进入阿富汗，再返回巴基斯坦，东入恒河流域，达天竺（今印度）境内。其间还横穿尼泊尔南部，至东天竺，在摩揭陀国留住三年，研习梵书佛律。通过大沙漠时，时有热风流沙，旅者往往被流沙埋没丧命。其间"或西越紫塞而

丝路云谭 ▶▷

孤征，或南渡沧溟以单逝"。"茫茫象碛，长川吐赫日之光；浩浩鲸波，巨壑起滔天之浪。"沙漠酷热，多恶风，上无飞鸟，下无走兽，遍目所极茫然一片，只凭偶尔见到的枯骨为路标。先行者的骨殖就是他们的方向，只要有人走过，就是他们向前的路。整整17个昼夜，1500里路程，才走出了大沙漠。

途中，智严、慧简、慧嵬、慧达、宝云、僧景等六人先后折返中土。法显与慧景、道整等人南度小雪山（阿富汗的苏纳曼山）。此山冬夏积雪，加之他们又在更为寒冷的阴面，"忽遇寒风暴起，慧景突感寒疾，气绝身亡，法显抚尸，悲痛难抑。"法显抚摸着慧景的尸体无泪地哭泣，仰天慨叹："取经的愿望还未实现，你却早早弃我而去了，命也奈何！"后来慧应又死于弗楼沙国（巴基斯坦白沙瓦）的佛钵寺。越过雪山进入印度，抵达王舍城，法显要往城东北的灵鹫山礼拜，本地僧人规劝道:路况不佳，常有黑狮出没噬人，

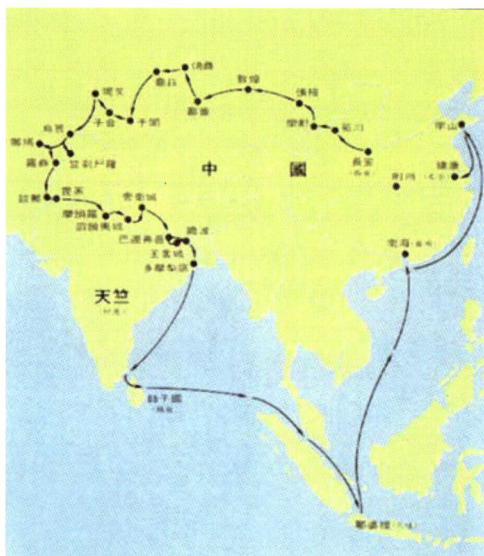

东晋法显留学印度路线示意图

198

不可前往。他说：我远涉数万里，最大的心愿就是参拜佛陀当年说法处，纵有风险，怎能退缩。毅然独自上山参拜。

法显与道整用了四年多时间周游中天竺，巡礼佛教故迹。道整见此地沙门法则、众僧威仪，凡事有规可循，乃慨叹中土戒律残缺，已沦为佛学的边沿之地。竟然表示自己不愿再回中土"边地"，"故遂停不归"。当时汉地佛界的确缺少戒律典籍，许多僧人无法依戒修行，和天竺差别很大，对此法显当然清楚，他劝导道整，"本心欲令戒律流通汉地"以振兴中土佛教，这不正是我们西行求法的原因吗？道整却听不进去。于是，不改本心的法显，便独自前行，以一人之力、古稀之年完成了既定的目标。可见，仅有信仰的虔诚还不够，虔诚的宗教信仰和炽热的爱国情怀相结合，才是法显创造奇迹、完成求法壮举的两大精神动力。

不过北天竺的许多佛家戒律，很少书写成文字律书。法显便辗转到中天竺去寻找文字典籍。在那里得到经律之后，以七十岁的高龄，开始学习梵语、梵文，以把口耳相传的律藏记下来，把已有的典籍抄写、翻译出来。这让寺里的天竺僧人很是感动，印僧伽罗先还有一段文字专门记载此事，大意是说"见晋法显大师远游此土，为求法故。深感其人即为写此《大般泥洹经》如来大意，愿令此经流布晋土，一切众生悉成平等如来法身"。这成为法显古稀之年学习梵文、梵语和写律的见证。在法显大师精神感动下，伽罗先还替法显大师写下《大般泥洹经》六卷。两年之后完成写律时，法显已经过了72岁了。

历时14年，经历无数的磨难之后，法显终于满载而归。东晋义熙五年、公元409年年底，法显离开多摩梨，搭乘商舶，经过十多天的海上航行，纵渡孟加拉湾，到达狮子国（今斯里兰卡）。他住在王城的无畏山精舍，又求得了四部经典，加上于天竺抄得的十余部梵文经籍，是他视若生命的珍宝，也是他奉赠中土佛界的厚礼。远离故土的法显，经常思念遥远的祖国，想着从中土出发时的"巡礼团"，或留或走或亡，而今孤身一人，形影相吊，心里无限悲伤。有次他在狮子国见到供品中摆着一把中土晋地的白绢扇，睹物思乡，"泪下满目"。后来在《佛国记》中的相关叙述，何等感人肺腑："去汉地积年，所与交接悉异域人。山川草木，举目无旧。又同行分披，或留或亡，顾影唯己，心常怀悲。忽于此玉像边见商人以晋地一白绢扇供养，不觉凄然，泪下满目。"今天读这段记述，思念祖国的心情跃然纸上，让人感觉不到1600年时间的辽远。

海上万里奔波，惊风险浪频出。法显乘坐的商船，在南下东归途中不久即遇暴风，船破水浸，只好就近停靠小岛，修好船再挂帆启椗。从孟加拉湾过中国南海，他们漂泊了一百多天，到达耶婆提国（印度尼西亚的苏门答腊岛，一说爪哇岛）。法显在这里住了五个月，才转乘另一条商船向广州进发。途中又遇大风，帆船无法把控方向，随风漂流，就在粮、水皆尽之时，忽然见到了陆地，竟是青州长广郡（山东即墨）的崂山。太守李嶷听到法显

法显大师的《佛国记》

丝路云掉 ▶▷

从海外归来，亲临海边迎接。

65 岁西行，行走 30 余国，在漫长的路途中，经历了人们难以想象的艰辛，回到故国故土已经 78 岁！正如他后来所说的："顾寻所经，不觉心动汗流！"

回国后，法显在建康（今南京）道场寺住了 5 年，又去荆州辛寺，卒年 86 岁。临终前的 7 年多时间里，一直紧张艰苦地翻译经典，译出了经典 6 部 63 卷。所译《摩诃僧祇律》，也叫大众律，为五大佛教戒律之一，对后来的中国佛教产生了深远的影响。在抓紧译经的同时，法显还将西行取经的见闻写成了一部著作《佛国记》。《佛国记》9500 多字，亦称《法显行传》《法显传》《历游天竺纪传》《佛游天竺记》等等，是研究当时西域和印度历史的重要历史文献，在世界学术史上有很高地位。书中对所经中亚、印度、南洋约 30 国的地理、交通、宗教、文化、物产、风俗乃至社会、经济等都有所述及。是中国古代关于中亚、印度、南洋的第一部完整的旅行记。中国西域地区的鄯善、于阗、龟兹等古国，湮灭已久，记述无存，《佛国记》的相关记载，可以弥补中国西域史料的不足。《佛国记》也是中国南海交通史较早的著作。中国与印度、波斯等国的海上贸易，早在东汉时期已经开始，而史书上却没有关于海风和航船的具体记述。《佛国记》对信风和航船的详细描述和系统记载，成为中国最早的记录。该书在国内外版本繁多，英译本和日译本就各有三种。现存较早的版本是宋代藏本。

法显去印度时，正是印度史上的黄金时代——笈多王朝（320 年—480 年）著名的超日王在位的时代，但笈多王朝的古代史缺乏系统的文献记载，超日王这一段历史，只有依靠《佛国记》来补充。马克思曾指出过，印度古代缺少真正的史籍，研究印度古代

史，必须乞灵于国外的一些著作，其中尤以中国古代典籍最为重要。
而在这些典籍中，僧人游记数量极多，《法显传》是其中较为古老
和详尽的一种，被认为是与唐玄奘的《大唐西域记》、义净的《大
唐西域求法高僧传》《南海寄归内法传》鼎足而立的著作。研究印
度古代史的学者，无不视为瑰宝。有位著名的印度史学家曾说："如
果没有法显、玄奘和马欢的著作，重建印度历史是不可能的。"《佛
国记》详尽记述的印度佛教古迹和僧侣生活，后来也被佛教徒们

作为佛学典籍著录引用。

法显大师以花甲、古稀高龄，完成了穿行亚洲大陆又经南洋海路归国的陆、海丝路行的惊人壮举，得到了中外学者的高度评价。唐代名僧义净说："自古神州之地，轻生殉法之宾，（法）显法师则他辟荒途，（玄）奘法师乃中开正路。"近代学者梁启超说："法显横雪山而入天竺，赍佛典多种以归，著《佛国记》，我国人之至印度者，此为第一。"斯里兰卡史学家尼古拉斯·沙勒说："人们知道访问过印度尼西亚的中国人的第一个名字是法显。"他还把《佛国记》中关于耶婆提的描述称为"中国关于印度尼西亚第一次比较详细的记载"。日本学者足立喜六把《佛国记》誉为西域探险家及印度佛迹调查者的指南。印度学者恩·克·辛哈等人也称赞说："中国的旅行家，如法显和玄奘，给我们留下有关印度的宝贵记载。"

中国古代行走在丝绸之路上的人们，每一代都有整整一个方阵，络绎不绝、前赴后继，为了中国的"走出去"，为了世界的"走进来"而历尽艰险。著名历史学家汤用彤先生曾在《汉魏两晋南北朝佛教史》中统计过自朱士行之后，这一时段丝路上走着的一个长长的名单，竟达百人以上！朱士行虽然比法显西行更早，但他在于阗求得梵书正本九十章后，遣弟子送归中土，自己则终老于阗，所以法显成为西行取经回国的第一人，同走陆、海丝路的第一人。

那以后，唐代的玄奘在立志西行时也说："昔法显大师、智严，亦一时之士，皆能求法，导利群生，吾当继之"。玄奘也是以法显大师为榜样来践行西行求法的。

2017 年 3 月 12 日，补记于西安不散居

播弄历史还是被历史播弄

小议三进印度的唐使王玄策

-
-
-

他三四次受唐太宗派遣，由长安经吐蕃，也就是今天的西藏，进入天竺（印度），在那里干出了一桩桩惊天动地的事情。他的那些充满了惊险、悬疑和传奇色彩的故事，有些还进入了民间传说。

丝绸之路万里行媒体团的战友们行走在印度北部的大地，由新德里向东，朝加尔各答进发。北边隐约可见皑皑的雪山，那是宏伟的喜马拉雅山。脚下是宽阔的恒河平原，那是印度的精华之地。

当大家谈论着车窗外景色的时候，我想起了千年之前一个活跃在这块土地上的中国人，王玄策。他是唐朝的官员，我国古代著名的外交家。贞观年间，王玄策曾三四次受唐太宗派遣，由长安经吐蕃，也就是今天的西藏，进入天竺（印度），在那里干出了一桩桩惊天动地的事情。他的那些充满了惊险、悬疑和传奇色彩的故事，有些还进入了民间传说。

王玄策是河南洛阳人，唐初的时候，他还是黄水县令，后来被任命为副使，跟随着上护军李义表护送印度婆罗门国的使节回国，当年到达了摩揭陀国，也就是现在的菩提迦叶附近恒河平原上。过了四五年，王玄策又以正使身份衔皇命第二次出使天竺，不料

这个时候，统治印度北部天竺众多邦国的戒日王病逝了，一些小国趁乱分裂，或篡位或叛乱，或独立，由于信仰分歧，还相互施以残酷的宗教迫害，使这个地区的民众苦不堪言。有个玛卡达国听说大唐使节来了，竟派出千余兵将伏击唐使，将王玄策一行全部投入牢狱。

王玄策与副使在戒日王之妹拉迦室利公主的暗中帮助下，越狱逃出天竺，北上尼泊尔。他亮出大唐圣旨，向尼泊尔王室借到七八千骑兵，加上吐蕃的骑兵一两千人，以近万兵力返身杀入天竺，激战数万叛军，最后杀敌几千、淹死万余、俘虏万余，摧毁了搞分裂的 7 万战象部队，生擒了叛乱的国王阿祖那，帮助天竺北方诸国恢复了安定与和平。这就是传说中"王玄策一人灭一国"，堪称世界史上空前绝后的奇袭行动。

王玄策虽然三度出使天竺，史书却鲜有记载。后来他还几度前往天竺，并把自己在那里的作为，以及印度的地理城邑、民情风习做了详细的记录，称为《中天竺国行记》，总共 10 卷文字、3 卷图版。可惜原本早已失散，仅存片断文字，散见于《法苑珠林》《诸经要集》《释迦方志》中，并没有完整流传下来。后人在洛阳龙门石窟还发现过王玄策的《造佛像题记》。

王玄策的事迹为什么历史记载这么少，而流传也不很广泛呢？日本的小说家田中芳树带点幽默地说，那是因为玄奘法师西天取经故事的广泛流传和古典名著《西游记》的夺目光彩，湮没了这位同时代的王玄策。且他的官职较低，正史也不可能单独为他树碑立传。

最后一次在天竺的作战中，王玄策俘虏了一名印度和尚，为了迎合唐太宗希望长生不老的心理，回到长安后，把这个和尚献给了皇上。这位印度和尚吹嘘自己已高龄 200 多岁，长生有术，吃了他的丹药不但能够不老，甚至可以飞升天宫成为仙人。李世民当然很高兴，给王玄策连升两级，册封为朝散大夫。这位天竺和尚每过几天就奉上一些稀奇古怪的药丸让唐太宗吃，时间长了，皇上体内因积毒过多而亡故。受太宗之死的牵连，王玄策仕途从此受阻，终生再未升迁。这可能也是对他史册鲜有记载而传播也受到阻碍的原因吧。但在客观上，应该说王玄策几度出使印度带回的异域情况和佛教文物，对于中印政治、文化的交流的确做出了贡献，此人被历史久久湮没，我们只能慨叹。

由于这个故事传奇色彩、悬疑色彩、惊悚色彩很浓，又多少与今天的丝绸之路热能够挂上钩，近几年开始引发各种电视剧和网络小说的改编热。我也接触过或审读过几部此类改编作品。这些改编很多人有争论。有的说这些作品宣扬王玄策扭转了北印度的形势，一人灭一国，是一种夸大，还拿出史料和实际状况来质疑。比如说王玄策在尼泊尔用火牛阵和投石机，消灭了印度几万象军，就不太可能，牛与大象根本不是一个层面的对手。这可能反映了中国人那种以大唐而自大、以大唐而炫盛的狭隘的民族文化心理。

还有些改编者站在封建正统的家族嫡传的坐标上来写这个故事。因为李世民是杀其兄弟而继承大位的，其兄弟的余党一直在暗中推翻李世民。李平义和王玄策因为捍卫了太宗继承的正统性，

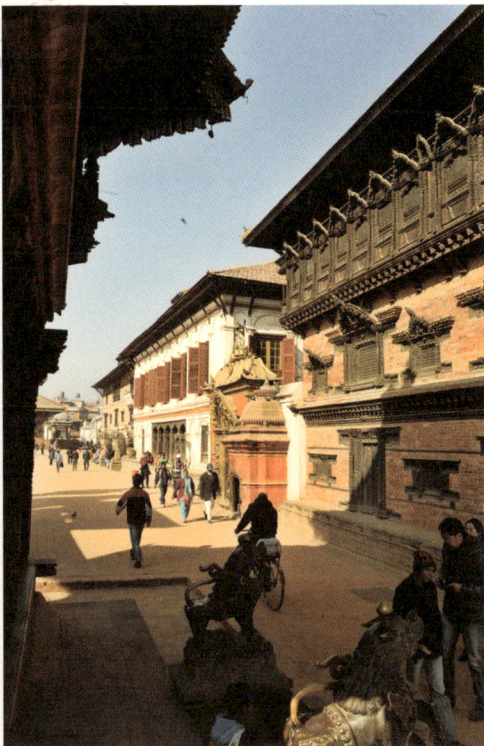

丝路云谭 ▶▷

便写成善良正直、光明磊落的君子；相反，在丝路上暗中追杀王玄策的歹徒，由于是李家兄弟的余党，一概被写成为非作歹的亡命之徒。从中可以感觉到封建正统思想对剧本改编的影响。将人物的政治态度和道德坐标完全混同了。对已经成为唐代宗室附庸的人极尽道德颂扬，对李义表与王玄策的对立面则在道德上拉黑，很容易将道德判断与历史判断混淆。

有的电视剧本还写到，王玄策在战胜摩伽陀戒日王朝之后，登上城楼安抚民众，宣布即刻和平撤军，民众三呼大唐万岁，庆贺国家的统一和政治的亲民。如此轻易地以武力置换威望、置换信誉、置换和平，甚至置换国际主义精神，这又是随意将古人现代化，以当下国际关系中的和谐思维去改造历史人物。

改编历史题材的文艺创作，一定要历史主义地对待历史，对待历史人物。我们可以发掘、弘扬、强调历史素材和历史人物品格中的正能量，但要适度，要有底线，不能篡改科学的历史评价与历史判断，也不能把附会的历史判断随意性地转化为道德判断。把王玄策夸大为可以播弄印度历史的伟大人物，这是在用后人的观点和需要去播弄这个千年以前的人物，让彼时彼地的王玄策为此时此地的政治文化、市场利益服务。弄不好，这反而会将创作者、改编者自身置于播弄历史和播弄道德的尴尬地位。

上面所说的这种情况，在历史题材的改编中出现何止一次，当我跟随着王玄策的足迹在印度大地急驰的时候，不得不在现场发这么一通感慨和议论。

2016 年 1 月 18 日，追忆于西安不散居

恒河之叹

·
·
·

　　到达恒河圣城瓦拉纳西，大家急切地赶着去看圣河洗浴。恒河源于中国境内的雅鲁藏布江，它从喜马拉雅山群峰中夺路而出，将北印度揽在自己怀里，用雪域天堂圣洁的水世世代代滋润着广袤的印度平原。它以神秘的不息流动，无言地承载着印度人的前生、今生和来生。

　　到达恒河圣域瓦拉纳西已是下午五六点钟，在宾馆放下行李，大家便急切地要赶着去看恒河洗浴的神圣场面，只是印度城市交通的拥堵实在进入了"奇葩"级别，我们的车还没有到达恒河边，天就黑尽了，已经看不到什么，只好遗憾而归。

　　瓦拉纳西是印度最负盛名的圣城，据说离神最近，是天堂的入口，而恒河在梵文、英文中又有"从天堂来"的意思，那是非要去看看不可的。印度地接导游阿杜说，各位不用遗憾，明天一早五点钟起床吃饭，赶六点钟到河边，否则人多了太挤。有人建议，那不如先去河边，再回来吃饭呀？阿杜犹豫片刻，语意含混地说，回来吃？只怕你吃不下饭了。

　　恒河上游的主干源流，即中国境内的雅鲁藏布江，它从喜马

拉雅山脉的群峰中夺路而出，用雪域天堂圣洁的水滋润着广袤的印度平原，有如母亲的怀抱，世世代代养育着这里的老百姓。它以千万年的流动，无言地承载着印度人的前生、今生和来生。传说湿婆大神常常会在瓦拉纳西的河边巡视，因为在这里洗浴便可以免受轮回再生之苦而升入天堂。它神圣，也温暖。但是，恒河岸边是多么乱啊，乱到出乎你的想象。下车后，当我们愈来愈能够感受到恒河气息的时候，也就进入了人最拥挤最混乱的地方。满街跑的都是无休无止缠着你乞讨的孩子，五六岁的小孩抱着一两岁的弟弟妹妹，向你乞讨。也有不失尊严的老人端坐于路边，穿着得像个圣者，那也是乞讨者。

也许是对热带鲜亮色彩的一种协调和呼应，艳丽在印度人的色谱中最受青睐。连大卡车都和妇女身上的纱丽那样，涂着斑驳的色彩，装饰着各种挂饰，有如新娘的花车，鸣着笛，绚丽地从你身边挤过去。人、牛、狗、猴子共行一街，在拥挤和喧闹中营

恒河波光中的普提伽耶风情

造着我们陌生的异域风情。这里似乎不知城规、交规为何物，垃圾可以随便扔，甚至于大小便也很随意。家庭用的废水就地流入恒河，而人们的饮用水也就近在这里汲取，无数人的洗浴也在这里进行。我20年前曾经来过印度，当时写过一篇文章叫《"皮实"的印度人》，这次转发到丝路微信群中，群友们点赞多多，都说你用"皮实"两个字简直神了，印度人真的活得"皮实"，太"皮实"。语气都是明显的称赞。

早晨五点来钟，东方熹微给云翳染上了淡淡的亮色，依稀可见河滩上熙熙攘攘的人群。男士只穿一条单裤，女士披着纱丽，或掬着河水中泼洗自己的身躯，或双手合十念念有词，然后将点亮的河灯虔诚地放入河中，让它随波漂去。河灯大都做成大莲花或碎花编就的花环，一朵朵灯焰在微波中起伏，映出一小方天光水色。一朵灯焰点亮着一个心愿，无数朵灯焰连绵出一道道虔诚的光链。

我们和一群东南亚的旅游者分别登上了几条旅游船。东南亚的旅游者是来这里朝圣的信众，着一色的白衣，双手合十，朝着

河水默念着经文。船顺流而下，水量眼见便大了，显出了恒河内里的洁净。远离喧嚣换来了安宁，朦胧的水光与初阳，如淡彩敷成的水彩画，湿润着我们的心田。恒河在身边默默地淌过，不舍昼夜，涤汰污秽而淀出清澈，你便发现了恒河原有的本色之美。河水再浑浊其实哪里有人世浑浊？它是因了人的浑浊而变浑浊了。河水淀清了自己，又回过头来涤汰人类的肮脏，洗出一颗颗洁净的心来。

　　游船再往下行，在一个岸边有着寺庙群的河滩上，我们便看到了久负盛名的恒河焚尸仪式。河边有一个很大的木材垛，人员杂沓，无声地忙碌着。三两只黄的、白的牛，冷漠而悠闲地站在人群中，好像代表着神在监护着那个生命升入天堂的进程。尸体被抬到木材垛上，尸体上再架上一层木材，不久便有烟升起来，有焰冒出来。岸上、船上的人开始大声地诵经，人人心中都被一种无可名状的敬畏和圣洁所笼罩，开始远离身边污浊的尘世，向着纤尘不染的彼岸世界，向着憧憬的来生，飞升而去。

在古代，恒河边突伽天神的信徒们，也有类似于中国古代"河伯娶亲"那样的以活人祭河神的风习，不过他们的河神是突伽女神，而作为祭品的"人牲"则是男性。突伽天神与佛教是两路，属于性力教派。传说当年玄奘来恒河，便遭到了突伽信徒的绑架，被押到祭台前，用恒河水将其通身上下冲洗干净，然后开始歌舞仪式，准备行刑祭河。"人牲"越是懦弱怕死，挣扎反抗，便越能证明佛教徒的怯弱，性力教派的信徒便越能获得心理上的满足。但玄奘让他们完全失望了，他们看到，眼前的这位佛教徒虽然年轻，却一直镇定自若地在默默诵经，视死如归，完全不为正在降临的灾难所动，超然于生死之外。玄奘平和地对凶手们说，施主一定要以贫僧祭祀，请稍候，待我最后向佛陀行礼，自行放火坐化之后，你们再动手不迟。说完又闭目吟诵经文，据说诵的是弥勒菩萨口授的《瑜伽师地论》，很快便完全进入了忘我的禅定境界。玄奘如此的精神定力震慑了性力教派信徒，他们上前打问玄奘法号，从何处来？身边的徒弟智远厉声告诉他们，这是大唐王朝"御前"的高僧，负有两国交往的使命！这才唬住了性力教派的人，免去了一场灭顶之灾……虽然是传说，这个故事却告诉我们，信仰的力量、精神的力量何等强大。

浩瀚的恒河串联起印度北方近30座百万人口的大城市，七八百个小城镇和数以万计的村落。10年以前，恒河之滨就已经居住着5亿多人，5亿多人的生活污水和生产废水排入河中，致使河水大肠杆菌超标280倍以上。据说到2020年，也就是3年以后，这里的人口可能靠近10亿，治理水质已经刻不容缓。印度政府20世纪80年代就制订了恒河治理计划，在瓦拉纳西修了污水处理厂。只是电力不足加之管理不善，运行不到几年便中途夭折了。后来，一些有识之士又组织了清洁恒河的志愿者行动，却受到印度教徒

的强烈反对，因为他们认为恒河是条圣河，本来便具有清洁自身的能力，你硬要去帮助它清洁自身，是对圣河的亵渎。

后来，将现代的科学生态行为和传统的宗教信仰适度结合起来，宣传"我们要洗浴，也要给圣河洗浴""真正的信徒决不能让圣河受污"，以这种多少带宗教色彩的口号，动员印度人投入保护恒河的行动，才逐步有了一点效果。

我佩服印度人那种在精神上以圣洁的彼岸世界超度污浊的此岸生存的能力，佩服他们自我平衡的能力。生活如此喧闹而沉重，但他们承受生态、经济、世俗超重负荷的心理能力却那么强。在再脏乱差的环境中他们的心灵也安静着，衡定力也强大着，总能成功地以心灵世界、宗教世界来消解现实世界的困顿，你真不能不佩服印度人。

20年前我来印度，从个体生命生存的角度，写了《"皮实"的印度人》，记录了他们喧闹、繁杂而"皮实"的生存。这个"皮实"不完全是指凑合地活着，其实其中包含着心理和生存承受力超强的意思。再困难的环境下，他们还能顽强而乐观地活着，什么都折不倒、摧不垮，为什么呢？原因当然很多，除了从印度人心理上、宗教信仰上去思考，还可以从群体生存方式和制度方面做更深的追溯。譬如说，这种超强心理承受力和生存命定感与印度种姓制，即印度社会的卡斯特体系的关联，就很可一说。

印度传统的四大种姓婆罗门、刹帝利、吠舍、首陀罗和每一个种姓派生出来的亚种姓、次种姓，以及更多的分支，再加上达利特，形成了印度传统社会稳固的阶层、等级秩序。那种宗教天定、基因命定的社会隔阂和心理隔阂，几乎与生俱来，代代传承。说起来，种姓制虽然在法律上已经废除70余年，但在社会生活尤其是民间心理中依然挥之不去。种姓和阶层之间想平等接触很困难，通婚更困难，冲决种姓等级、改变既有的地位，擢升自己在社会生活中的排序，更是难上加难。但问题有另一面，难于改变种姓隔阂，又容易使人安于天定和命定，安于种姓对自己规定的既在状态。这使一些印度人很少奋力追求在现世改变命运，而祈求在来生、来世改变出身。这是他们比较能够安于现状、安于等级规范而显得社会安定、内心安宁的一个因素吧。

中国人讲究"修齐治平"，修身齐家治国平天下，以家和国的同构性文化，将个人修身、家庭治理与国家天下之治理融为一体。在印度，治理社会是治国为先？治群为先？治行为先？还是治心为先呢？我感觉他们的路子是治心为先，是以治心来辐射整个社会治理这样一种模式。首先通过宗教和种姓划分，在民众百姓心里植入一种安于种姓等级的芯片，通过心治，约束行动达到行治，通过每个人行为的组合，达到家族、群体相谐的群治，然后再在各自安生的族群板块基础上，实现社会治理和国家治理。心治比起法治、理治，更不要说威治、力治来，它的传承力、传播力，它的积淀和再生力，显然都有着更为强大的生命。

也许这是印度社会给予我们有些无奈、有些伤感，而又不无启发性的思考吧。

◎丝路万里行之

重走玄奘之路......

2016 年 11 月 30 日，于印度瓦拉纳西

从大菩提寺到竹林精舍

新德里、瓦拉纳西、菩提伽耶、王舍城，一站一站跑过，那烂陀正迎面向我们走来。玄奘坚毅的目光由远及近，越来越清晰，他的气息弥漫在恒河平原上，也越来越浓冽了。发扬慈悲之怀、践善之行、向美之心，使人类生活得更美好、更文明，使人类的精神提高到更新的境界！

丝路云谭 ▶▷

我们迫不及待地向往着那烂陀寺，心情似比当年的玄奘还要急切。新德里、瓦拉纳西、菩提伽耶、王舍城，一站一站跑过去，那烂陀寺正扑面向我们走来。玄奘坚毅的目光在云端注视着我们，他的面容由远及近，越来越清晰，他的气息弥漫在恒河平原上，也越来越浓烈了。路上我一直在想，千年之前的玄奘是如何走这一条路的呢？

当年玄奘进入古印度，到达犍陀罗国时，本想全面考察蜚声世界的犍陀罗艺术，因为中土北魏时建造的云岗、龙门两大石窟都有鲜明的犍陀罗风格。但他来晚了，眼前是一片凄凉。土地荒芜，寺庙废弃，居民稀少。这与他想象中的天竺，那个佛学昌盛、高僧云集的天国相距太远了。玄奘蹀足而叹：我为什么不早来？一种要全力挽回天竺佛教废败之势，在中国再度振兴佛教的责任感，让他加快了脚步。时不我待，岂敢羁留？

在沿途考察了众多寺庙之后，玄奘一行进入了迦湿弥罗国。刚到边塞的石门，便受到国王亲率的大队人马欢迎，他被请到大象背上的金丝红绒法座入座，在飘洒的花雨中，缓缓向国都进发。在这里，万人景仰的该国第一高僧僧称法师宣布，在闭关修悟十多年之后，决定出关讲经半个月，与大唐僧人一道研修、传授佛学精义。这个消息轰动了全国，国王率王公贵族、高僧信众几千人蜂集坛下恭听。这是一次别开生面的对话、互动式的授课。70多岁的僧称大师每讲一段，30多岁的玄奘就会谈一段自己的感悟，并且提出一些延伸性的问题来深化对话。一来一往，妙语连珠，既有思考、辞章之美，又时时启动着精神创造的活力，听讲者无不如醉如痴。原本每日讲两个时辰，后来不得不延长一个时辰。在半个月的讲经中，玄奘研习了《因明》《声明》《俱舍论》等经文。僧称老法师感慨，大唐僧人悟性之高，反应之快，学习之勤，他一生从未见到过……

天擦黑时，我们赶到了王舍城，为了明天早点到达那烂陀寺，大家建议连夜去参观阿育王修建的释迦牟尼悟觉成佛的那个佛陀伽耶大菩提寺。导游诚实地告诉我们，这寺与这树并不是二千三百

佛陀迦耶大菩提寺的阿育王塔

年前的原迹，是六七百年前重修重栽的，大家依然兴致勃勃。不料晚上那里依然游人如织，队伍排了足有三四百米。人们拥挤着却非常安静，形成了一种虔诚宁和的"禅效应"。趁排队的机会，我分 3 次买了近 30 串菩提子佛珠，脖子上挂成厚厚的一圈。我不是看中了佛珠的质量，是看中了这地方的神性，是想带给友人们丝丝缕缕释迦的气息。

印度的冬季，气候不冷不热，清爽宜人，加之那晚月明星稀，像是国内中秋前后，一阵风儿吹过，菩提树的影子便在我们身上婆娑，使你感觉到禅意的暗示。所有人都是脱了鞋赤着脚，走向那座塔和那棵树的。先参观佛塔、礼拜佛事，之后，大家就在园子周边的草地和石条上席地而坐，聊天、念经、闭目养神，享受这有着贝叶清香的气场。那是一种因和谐而无争、因和宁而恬适、因和衷而共济的气氛。是氛围，也是磁场，是心之彼岸、灵之天堂。

王舍城竹林精舍，
佛陀释迦牟尼讲学地

直到深夜才悠悠地回去。

　　第二天一早全体赶往竹林精舍，佛陀释迦牟尼曾先后六次在那里结夏安居、传授经文。竹林精舍当然有竹，除了竹林，更有一大片茵茵的草坪，佛台上、佛龛里供奉着释迦牟尼的金身坐像。据传当年有上千弟子，16所禅院、660间禅房、50座楼阁、72个讲堂，乃佛教史上第一座大寺院。绿荫下，有几个佛教讲习班正在露天授课，不过印度本土的学员很少（现在印度本土信奉佛教的大约不到百分之五），大多来自日本、东南亚、中国大陆和中国台湾。高僧们对佛经深奥的讲解，通过清新的空气传递给坐在草坪上的信徒，入耳入心，那种目不旁骛、心无杂念的专注，让你感受到一种信仰的迷醉和美丽。真是佛教徒的圣地呀！

　　今天，我们将要在这里举行"中国丝绸之路万里行·走进印度"的文化活动。印度、泰国、缅甸等各国高僧参与了我们的仪式。一开始，竹林精舍方丈贡多拉带领大家诵经，然后王舍城大学校

向竹林精舍大方丈赠送书法作品："万里皈佛祖，千年传梵音"

长发表了热情的演讲，丰子恒团长和我代表中国方面致辞。接着贡多拉等各位高僧给中国友人送花环，请佛像，我则代表我们团赠送给贡多拉一幅书法作品，就是在乌鲁木齐写的那一联："万里皈佛祖，千年传梵音。"

在竹林精舍的讲话中，说了"三个自豪"，我说：中国丝绸之路万里行车队几经曲折，跋涉 18000 公里，千辛万苦来到了这里——竹林精舍、那烂陀寺和玄奘纪念馆，这里是 1000 多年前中国唐代高僧玄奘来天竺取经学佛之地，也是我们日夜心向往之的地方。来到这里，我分外感知到了玄奘的伟大，天竺文化的伟大，中华文化的伟大。

我为玄奘自豪。他在 1000 多年前，在没有现代交通和通信工具的情况下，千辛万苦步行来到这里，潜心研修唯识宗和因明学，那种世界文化交流共进的胸怀，那种执着于目标的坚毅，克服万难，翻译传承和改造佛学的伟大智慧，还有他通过《大唐西域记》记录古代印度各邦各国历史资料，填补印度历史空白的功绩，永远给后人以启发，永远是我们的榜样。玄奘已经由一个人升华为与我们整个民族、整个世界、与人类同在的人格精神，玄奘的脚印是人类文明在交流中共进的印证。

我为天竺文化自豪。释迦牟尼在这块土地上悟觉，倡立了佛教教义，这是印度文化、天竺文明对人类文明的伟大贡献。不止于此，伟大的印度多民族共同体还在诸多方面丰富营养了人类文明，参与了人类文明的创造进程。我们此行，也可以说是沿着丝绸之路专程来向天竺文化和印度人民学习、取经的。

此时此刻，我还为中华文化自豪。中华民族以开放包容的博大胸怀，学习异国、异族、异域文明的优秀成果，同时又能发挥自身的主体创造精神，使之与本民族的、本土的文化实现创造性地交流、融汇，使得外来的佛教文化成了中华文明的核心内容和

主干流脉，并经由中华文化的创造性融汇向世界广泛传播弘扬。佛教在这种传播中涅槃重生，由单一民族的宗教成为世界性的宗教，成为人类文明的一个标志性结晶。

中华文明由道、儒、佛三足鼎立构成。道、儒、佛是中国人精神的三大支柱。中国人以道作为自然理性，解决人与天的关系，它重真，真实、真诚。以儒作为社会理性，解决人和人的关系，乃至于扩展到人与社会的关系，它重仁，重仁爱，道德。中国人以佛作为心灵理性，解决人与心的关系，它以彼岸的完美境界和理想坐标检视、救赎生活在此岸的人类精神。

中国融合印度佛教创立的中国佛学精神，倡导慈悲之怀、践善之行、向美之心。慈悲之怀，就是要以慈善的心灵去看待天下人和天下事，以悲悯的情怀去救助天下的苦难；践善之行就是要把慈心变成善行，追求善要有实在的行为，要有长期的实践，而且要变为大家的实践，变为社会风气；向美之心就是要有理想、有憧憬、有梦，理想是比现实更为美好的那个彼岸世界，它能牵引我们升华此岸世界。儒、道、释精神，佛教的精神，都是人类文化精神中极其珍贵的正能量。

此刻，在佛陀讲学传法的竹林精舍，在佛陀伽耶的大菩提树下，在玄奘纪念馆里，在那烂陀遗址前，丝绸之路将中印两国和全世界人民用心和手拉起了一条文化的精神的友谊之路。

发扬慈悲之怀、践善之行、向美之心，使人类生活得更美好、更文明，使人类的精神提高到更新的境界！

这一天我们就住在王舍城，养精蓄锐，准备第二天一早奔向那烂陀寺遗址，到达这次玄奘之旅的目的地。

2016 年 12 月 3 日，草成于王舍城

2017 年 1 月 10 日，改定于西安

那烂陀的佛光

●
●
●

　　这个地方来过一个让我们永远仰望的人，发生了一件永远影响着中国文化和世界文化的大事。来到这神圣无比的地方，千万不可一掠而过，必须一寸一寸、一点一点去看、去品味、去瞻仰、去感悟。我放慢步子，放松情绪，放缓心率，踽踽行走在那烂陀寺遗址的小路上。

　　终于来到了那烂陀佛教大寺遗址。这里曾经是在竹林精舍之后，当年印度最大的佛教寺庙，也称作那烂陀佛教大学，高峰期有万名学佛的弟子。

　　遗址外貌并不惊人，依然是印度式的家常景象，旅游品和各种小商品的叫卖声，习以为常或兴致勃勃的乞讨的孩子……我无暇顾及，一下车便离队匆匆独行，想加快速度多看一些地方，也想孤独起来，独自一人去观察和感受。在玄奘经历了那么多年的艰难跋涉才到达的这个神圣无比的地方，不可一掠而过，必须一寸一寸、一点一点去看、去品味、去瞻仰、去感悟。我放慢步子，放松情绪，放缓心率，踽踽行走在遗址的小路上。

　　那烂陀寺的宏大远远超出了我的想象，这个庞大的建筑群，完全用红土烧制的红砖建造而成，视觉效果与印度莫卧儿王朝的

222

红堡皇宫很相似。建筑群遗址在原野上展开去，有如上天在绿色的画布上涂了鲜红的一抹。我在小径上慢慢地走着，玄奘喜欢在哪条路上散步、悟思呢？路过一排排禅房的废墟，玄奘他当年该住在哪一间呢？他又是如何打坐的呢？巨大的佛堂，如今只剩下残垣断柱，当年玄奘坐在哪个方位呢？他诵经的声音必定是清朗悦耳，有若钟声回荡吧！在偌大的阶梯报告厅中，我更是徘徊久久，他就是在这里和印度以及各国的高僧论辩佛学经典吗？他就是在这里向师长们汇报近十年的苦读成绩，显示出一个中国人的才华和刻苦而脱颖而出的吗？

那烂陀寺，地处印度古摩揭陀国，属于天竺历史上空前强大的孔雀王朝的核心地区，梵文的意思是施无厌，永远不知厌倦地施舍。佛祖释迦牟尼传播佛法大部分在这个地区，佛教史上的四次大集结有两次也在这里。那烂陀寺因此拔地而起，一时成为佛学圣地。寺内的学术空气开放活跃，研修辩论蔚成风气，藏经数量、教学管理水平和佛堂、经堂、僧舍建筑设施，在天竺佛教界都号称第一大寺。不过，待玄奘来到这里时，历尽千年沧桑的古寺已经随同佛教在印度的衰败而衰败。

王舍城的中国高僧玄奘纪念馆

住持寺庙的戒贤大法师年事已高，耄耋而近百岁，企盼能有高僧来这里承继、振兴佛学，日思夜想，憧憬成梦。这时玄奘竟然就跋山涉水从万里之遥的大唐过来了！戒贤喜出望外，主持盛大法事隆重欢迎；又悲从中来，在佛堂上对着玄奘号啕大哭。无论悲喜，都是期盼佛教这次能够有起死回生的转机。为了让大唐高僧能够安静的研修，戒贤法师专门安排玄奘住在另外一处叫"汉寺"的禅院，为他专门制订食谱，单独起伙。后来见玄奘梵语极好、佛学修养又深，更是请其直接挪到自己寝房的楼上住下。确定课题课程，选择老师，都由玄奘自己安排，真是优礼有加。

为了将佛学与它产生的精神根脉、文化环境联系起来研习体会，玄奘先是大量抄录经典，之后又将游学与苦读结合起来。他先花了一年时间，对王舍城周围的众多佛陀圣迹和五百罗汉首次结集三藏佛典之处做了考察，其间还到过一座叫"大雁塔"的寺庙。这座塔底座呈四方形，以梯形朝上选层建造。寺内众僧本来信奉小乘佛教，只能吃"三净肉"（指不为自己而杀，也没有见到、听到杀生动静的肉类）。有一年，寺里很久没有化缘到肉，僧人们饿得直向上苍祷告，便见从头顶飞的雁阵中有只大雁径直掉下来摔死在庙前，供众僧食用，这不是"舍身成仁"吗？"舍身成仁"是大乘佛教的教义。僧人们厚葬了大雁，并为它修了一座塔，冠名大雁塔。僧人们也从此改信了大乘教义。唐僧回到中土之后，为了宣扬大雁这种"舍身成仁"的精神，在长安城南的慈恩寺内也建了一座大雁塔，就在这里主持翻译佛经。西安大雁塔现在已列入世界遗产名录，是玄奘业绩和佛教传播的千古见证，享誉天下。

待玄奘游学归来，多年不曾亲自讲经的戒贤大师竟然宣布要开坛讲经，以106岁的高龄为这位东土来的学生讲授大乘佛学经典《瑜伽师地论》。这正是玄奘梦寐以求的功课，他热泪盈眶，扑倒在地！开坛讲经这天，可以容纳数千人的广场上被各派僧俗挤得满满当当，一圈一圈围坐于讲坛周围，坛上只有两个蒲团，戒

贤大师着金色袈裟在玄奘的侍奉下登坛开讲。

这一讲，便讲了整整 15 个月！

《瑜伽师地论》玄奘学了三遍，又连续学了《中、百》三遍，《因明》《声明》《集量》各两遍，《顺正理》《显扬》《对法》各一遍，还有其他大量经文。经年累月，玄奘不舍昼夜、寒窗苦读，为将海量的经典带回东土一字一句抄录研习。

他应该就在我现在所在的遗址群中的哪一所禅房中，他的灯应该还亮着，砚池还散发着墨香，用中文诵读经文的余音也应该还在回响。我静下心寻觅着，谛听着。

不久玄奘开始了第二轮游学。游学途中，又跟随天竺另一位百科全书式的著名学者胜军论师研习各类经典，探讨各种宇宙、人生的深层问题。当再次回到阔别五年的那烂陀寺，玄奘已经过了不惑之年，在与戒贤大师深谈时，表露了归返长安的心思。他说，自己想让佛学在东土开花结果的任务还远未完成，取了经，还要在东土译经、讲径、弘法，因而归返长安已经十分紧迫。他画了几个向外扩散的同心圆，说佛学精义与一切知识、思想那样，就像这一圈又一圈不断扩展的波浪，越学越发现未学，越知越发现无知。学无涯，思无涯，得赶快开始译经弘法的实际行动。戒贤颔首不语，给他画了一个螺旋形作为回赠之言，说佛学和人的思想都不能是封闭的，应该是一个永不封闭的圆圈，不封闭才能开放地去吸收各种新东西，在吸收中创造、推进、提升。这和千年之后马克思主义理论谈辩证法是一个不封闭的圆圈、一个螺旋，用语完全一样！

回国前，作为西天取经的"毕业考试"，戒贤大师排除众徒，唯独推举玄奘代表自己通讲《唯识抉择论》，老师如此的信任可以说是对他学业的最高肯定了。他一讲就是几个月。同时，作为主辩手，他又参与了三场轰动天竺、轰动佛教界的大辩论：一是与狮子光就"众生"与"我"的关系激辩五天五夜而取胜；一是与

玄奘学佛修行的那烂陀寺遗址

旃陀罗僧呵辩论，对手不战而屈；一是与顺世外道的辩论，对方放言若不敌玄奘，宁愿砍头认输，结果还是败下阵来，正准备自取首级，玄奘上前拦下，说我知你对《破大乘义》素有研究，还想听听你的讲解呢。这种宽厚襟怀感动了在场所有的人，更让旃陀罗僧呵感激涕零。玄奘自此名声大振，俨然成为那烂陀寺的护法尊者。

但不久，他还是舍弃了这里的一切，离开那烂陀，踏上了返回中华的漫漫归家路……

目标感和达到目标的责任感，或者说理想、信仰、梦想、追求，能给予一个人多么大的力量，磨砺一个人多么坚定的意志，我们从玄奘身上能够找到答案。玄奘西行途中，来到古代北天竺梵衍那国的山中（现在阿富汗的巴米扬大佛附近），那里有座佛影窟，

洞里黑黝黝的，据说只有最虔诚的人才能看到佛光的显现。但几十年中，从来没有人见到过佛光。玄奘进得洞里，一边朝石壁叩头，一边诚心祈祷。叩了一百多次，丝毫不见亮光，玄奘想这是自己业障太重，诚心不够的缘故呀；又再叩了一百多下，石壁上终于出现了一圈淡淡的光晕。"光，佛光！"玄奘大喜过望，险些喊出声来。不料佛光旋即散去，"佛祖，你这是怪贫僧心有旁骛呀！"于是静心息气，彻底消除了心中的各种恚碍，继续跪拜叩头，拜到300拜时，山洞里突然闪现出一道华光，整个洞窟辉煌起来了……

这是一个传说，更是一个寓言。坚定的虔诚者就能看到佛光，坚毅地担起责任就能看到佛光，坚持住到永远就能看到佛光——这就是玄奘告诉我们的。

我徜徉着，在和煦的风中；我感受着，在红色的建筑群里；

我体味着，在玄奘和那烂陀的精神场域中，久久久久不忍离去。7个国家、18000公里、2个多月时间，我们那么艰难地走到了这里，难道这么快就要离你而去了吗，玄奘先辈！我又买了20多串佛珠，想回国后和朋友们分享，每人一串佛珠再加上一串故事……我几乎忘了归队时间，惹得很多战友踅回来找我。跟着他们上了车，也忘了给大家道个歉，依然心不在焉，依然怅然若失，只是在心中喃喃自语地——

"这个地方来过一个让我们永远仰望的人，发生了一件永远影响着中国文化和世界文化的大事。这辈子能够来一趟，太幸运了，唉，实在太幸运了。"

2017 年 1 月 13 日，追忆于西安不散居

泰戈尔与中国

·
·
·

在由那烂陀寺去加尔各答的路上，我一直缄口不语，贪婪地看着车窗外恒河平原的景色，似乎从一村一舍、一树一花之中，都能读到泰戈尔的诗。泰戈尔，生如夏花之绚烂，死如秋叶之静美。

进入这印度，第一大愿望当然是到那烂陀寺和竹林精舍，对佛祖释迦和大唐玄奘的精神气场作亲历性的感受，第二大愿望则是到加尔各答后去泰戈尔故居博物馆，和这位景仰已久的著名诗人再一次做感同身受的文化体验。上次访印到过泰翁故居，这次依然必去。

在由那烂陀去加尔各答的路上，我一直缄口不语，贪婪地看着车窗外恒河平原的景色，似乎从一村一舍、一树一花之中，你都能读到泰戈尔的诗。天上那彩色的云锦，是他的句子："太阳只穿一件朴素的光衣，白云却披了灿烂的裙裾。"一方草坪一棵树掠过去的土地，那是他的句子："绿草在求她地上的伴侣，树木在求他天空的寂寞。"一个南国的花圃旋转着展开，那也是他的句子："你离我有多远呢，果实呀！我就藏在你心里呢，花呀！"还有平原上一座难得的小山岗，一泓不起眼的小瀑布，也都是他的句子：

"流水说，我纵身跳下山岩摔成了瀑布，便唱起了自由的歌。"

泰戈尔视世上一切事物均有生命、有灵思，他的诗几乎全是拟人化、拟心化的，那不仅是他的诗歌技巧，而是他生命本有的本性、本思、本感应。他有着由表象切入本相，将眼之景转换为心之思的才能，他瞬间就能发现景物内在的生命，发现物语与心语的联系，发现哲思中的美和美中的哲思。伴随着诗人的吟唱，越来越多的人走进了他那片洒满阳光的生命伊甸园和灵魂伊甸园。聆听潺潺的溪水从心底流过，看着缤纷的彩虹升起于天际，他的诗因而与山川花木、鸟兽虫鱼一道留在了大地和心灵之中，获得永生。

泰戈尔故居是一座英式建筑，坐落在加尔各答北市区，门前那条小巷现在就叫泰戈尔巷。故居内，一个花园，一幢长着攀藤的三层楼，连着一个小四合院。楼前有泰戈尔的胸像。1861 年 5 月 7 日，泰戈尔就出生在这个富有而又文化修养深厚的婆罗门家庭。父亲对传统文化怀着深切的热爱，兄弟姐妹在音乐、哲学、戏剧领域展现出过人的才华，家里常常举办各种讨论和朗诵的沙龙，是学者、诗人、作家、艺术家、音乐家的荟萃之处，真正是"谈笑有鸿儒，往来无白丁"。在这种文化氛围的滋养下，他 8 岁开始写诗，13 岁就发表了叙事长诗《野花》。泰戈尔这个名字本来含有

"太阳"的意思，也许这注定了他将要给人类的精神生活输送阳光。

泰戈尔年轻时留学伦敦，一生游历了几十个国家，在千山万水间行走、歌唱，将自己对人类和自然的关爱带到每一个地方。他用英语、孟加拉语、乌尔都语等多种语言创作。一生写了 50 多部诗集，12 部中、长篇小说，100 多篇短篇小说，20 多个剧本及大量文学、哲学、政治论著，还谱写了 2000 多首歌曲。在生命的最后 20 年里，还创作了 3000 幅油画，画风完全是西方现代视觉艺术风格，被称为"印度现代绘画第一人"。晚年的泰戈尔虽已枝繁叶茂，却像陶渊明那样向往倦鸟归林，希望能在自然的和心灵的风景中栖息下来。

1914 年泰戈尔以作品《吉檀迦利》获得诺贝尔文学奖。是获得诺奖的第一位东方文学家。瑞典诗人海登斯塔姆在颁奖推荐词中这样说：我不记得过去 20 多年是否读过如此优美的抒情诗歌，仿佛我正在饮着一股清凉而新鲜的泉水……诗人庞德这样描述聆听泰戈尔诗歌后的感受：这种深邃的宁静的精神压倒了一切。是的，他在作品中表现出的博大仁爱胸怀和人格魅力，弥散在无数读者的心中。

20 世纪 60 年代，一幅鲁迅和泰戈尔在上海的合影让我开始关注这位印度诗人，开始集中读了他的一些作品。而徐悲鸿画的泰戈尔肖像，更让这位有着一部大胡子的美髯公诗人永远定格在我心中。

除了他的诗，他对中国特殊的感情也深深打动着我。1881 年，20 岁的泰戈尔就发表了《在中国的死亡贸易》，严厉谴责英国向中国倾销鸦片、毒害中国人的罪行。1916 年泰戈尔访日途中经过香港，看到码头工人的健壮和勤奋，曾预言：中国的巨大力量一旦能够在现代化的道路上进行，世界上恐怕没有任何力量阻拦它向前进。就在这次访日期间，泰戈尔在日本东京大学演讲中，严厉谴责日本军国主义者侵略中国山东的罪恶行径。七七事变后，他多次以书信、电报、谈话和诗篇，谴责日本帝国主义发动侵华战争的野蛮暴行，支持中国人民的正义斗争。

这年秋天，诗人染疾卧床，慰问电文堆积如山，他病愈后发出的第一封复电就是给中国蔡元培等人的，真诚祝祷中国抗击日本侵略者取得胜利，他在电文中说："贵国人民此次对于所加于贵国伟大和平国土之非法无理之侵略，作英勇之抵抗，余已不胜钦敬，并附祷阁下等之胜利"。日本当局妄图收买他，托人送来一对精致的花瓶，诗人辞严拒绝道：我对于日本人民所怀的友爱，并不包含对于其统治者的悲惨政策的赞同。他还发起了救助中国学生和难民的捐款运动，率先捐助500卢比。1938年4月，他给正在浴血奋战的全体中国人民写了一封长信，题为《致人民书》，预言中国人民抗战必胜。在历史上，中国和印度都多次遭到过侵略者的蹂躏，泰戈尔对中国特殊的感情，凝聚了殖民地半殖民地人民团结反帝、携手振兴的心愿和友谊。

周恩来总理说得好：泰戈尔不仅是对世界文学做出了卓越贡献的天才诗人，还是憎恨黑暗、争取光明的伟人印度人民的杰出代表。中国人民永远不能忘记泰戈尔对他们的热爱，中国人民也不能忘记泰戈尔对他们艰苦的民族独立斗争所给予的支持。

泰戈尔曾经三次踏上中国的土地，影响最大的一次莫过于1924年接受梁启超和他的"讲学社"邀请，来中国的访问讲学。诗人从印度启程，途经缅甸、马来亚，到达上海，这是海上丝绸之路的重要一段，我们可以说泰戈尔是现代海上丝路的文化使者。到沪次日，即在上海各学术团体的欢迎茶话会上发表演讲。一个半月的时间里，足迹遍及上海、杭州、南京、济南、北京、太原、武汉，在各地参与了几十场报告会、座谈会、茶话会，在文化界和清华大学、东南大学等校发表了近20场演说，致使中国掀起了持续一个多月的"泰戈尔热"。热到什么程度呢？热到让文化界"两极分化"，一极是以参与和面见这位诺奖获得者为荣，一极则在报

○丝路万里行之
重走玄奘之路……

232

章上质疑，泱泱中华如此热捧外域印度的泰戈尔有必要吗？泰戈尔在华期间发表的演说，1925 年以《在中国的演说》为题编辑出版。

泰戈尔几次访华在中国文化界产生了很大影响，也流传着不少趣事。

首次踏上中国的土地，泰戈尔便深情地说：不知道什么缘故，到中国便像回到故乡一样，我始终感到印度是中国极其亲近的亲属，中国和印度是极老而极亲爱的兄弟。有位中国朋友送给他一枚刻有"泰戈尔"三字的图章。泰戈尔非常感动，说自己的名字译成中文，头一个字便是中国名山泰山的"泰"字，觉得生命和中国融在一起了。他向梁启超表示，自己能不能有个中国名字呢？几天之后泰戈尔在北京度过他的 64 岁寿辰时，赶来祝寿的梁启超果然给泰戈尔赠送了一个中国名字 ——"竺震旦"。竺，天竺，即印度也。震旦，是以前印度人对中国的称呼，虽系汉语译音，但选"震旦"两字来示音却有期冀中国如日东升的深长意味。梁启超当场对"震旦"二字作了绝妙的解释：从阴郁暗淡的状态中眷然一震；涌现于地平线上，这是何等的境界，正合了印度文"泰戈尔"含有的"太阳"的意思。梁启超说，今天我们所敬爱的天竺诗人在他所热爱的震旦地方过他 64 岁的生日，我们极诚恳、极喜悦的将两个国名联起来，赠给他一个新名叫——"竺震旦"。

直到 17 年后，80 多岁的老诗人已经卧床不起，还口述过一首感人的诗，深情地回忆在中国过生日的情景。那大意是：在我生日的水瓶里，收集了朋友们送来的圣水。有次我去到中国，从前素不相识的人，也把友好的标志点上我的前额，称我为自己人。我取了一个中国名字，穿上了中国衣服。在那里我找到了朋友，我在那里重生。这真是生命的奇妙，异乡不知名的花朵，震旦的土壤竟是它们的祖国。

也就是他在中国过 64 岁生日那天，中国文化界排演了泰戈尔的话剧《齐德拉》以示祝贺。泰戈尔看后对梅兰芳说，在中国看到自己的戏很高兴，希望在离开前还能看到你的戏。几天后，梅兰芳在开明戏院专为泰戈尔演出了一场《洛神》。泰戈尔特地穿上红色长袍礼服莅临观看。演出之后，亲自到后台向梅兰芳祝贺、道谢。第二天的饯别宴会上，还即席用孟加拉文赋诗抒发观梅剧之感，译成英文手书在纨扇上，兴致勃勃地念给在座的人听。大意是：亲爱的，你用我不懂的语言的面纱遮盖着你的容颜；正像遥望如同一脉缥缈的云霞被水雾笼罩着的山峦。梅兰芳后来也在纨扇上写了《洛神赋》一段唱词托徐志摩回赠泰翁："满天云霞湿轻裳，如在银河碧河旁。缥缈春情何处傍，一汀烟月不胜凉"。这段艺坛佳话很快不胫而走。

徐志摩与泰戈尔的关系更为密切，几次访华徐志摩都负责联络、接待与翻译。泰翁曾给年轻风雅的徐志摩起了一个印度名字，叫"苏芦玛"，就是雅士的意思。后来的两次访华，干脆就住在徐家。1929年泰戈尔从英美和日本讲学回国途经上海，徐志摩、陆小曼专门布置了一间印度风情的房间，没设床铺，直接在地毯上铺着干净的大被褥，颇为别致。这次讲学，老人遭到西方文化界一些年轻人的排斥，加之带病出行，情绪不太好，寡言而默思，显出某种难言的悲慨。临别时，老人在徐志摩的纪念册上题词留念，并缓缓脱下身上紫色的丝织大袍赠给尽心照顾他的徐、陆两位挚友。在印度，只有给最亲爱的人才赠送自己穿过的衣服，象征彼此永不分离。徐志摩曾不胜感慨地对郁达夫说，诗人老去，又遭新时代的摈弃，泰翁的悲哀正是孔子的悲哀啊！

自从陈独秀1915年10月在《新青年》第一卷第二期上最早将泰戈尔的作品介绍到中国，泰翁的创作对中国的新文学产生了多方面的影响，尤其在诗歌方面。他的诗歌清新、自然、秀丽、有哲理，为中国新诗创作提供了有益的借鉴。郑振铎在《飞鸟集》初版序中说，当时的一些诗歌作者大半都直接或间接受了泰戈尔的影响。郭沫若曾说在中国自己是第一个接近泰戈尔作品的人，"得到他的

书，我真好像得了我'生命的生命'，探得我'生命的泉水'一样。"

用郭自己的话说，他写诗的"第一阶段是泰戈尔式"。冰心早期的文学思想的基础是"爱的哲学"。"爱的哲学"固然是从基督教萌发而来，但泰戈尔的泛神论和泛爱论也巩固了她对爱的追求。所以，冰心在诗集《繁星》序里申明，她的诗受了泰戈尔的影响。她和泰戈尔一样最倾心的题材是对童心、母爱和自然美的描绘。

泰戈尔对弱者、弱国的爱，常常会转化为对制造苦难者的恨，当他所爱的一切受到侵犯的时候，就会发出强烈的怒吼。他的爱和恨像海波一样荡漾开来，遍及了全世界。

我们又一次要离开泰翁的故居，去继续漫漫的人生旅途了。汽车缓缓启功，拐弯后开始加速，又一次了无痕迹地消失在远方，留下的依然只是那幢聚蕴着诗人气场的老宅院。我心里响起了泰戈尔哲人般的吟诵："天空没有翅膀的痕迹，而我已经飞过。"是的，我没有见到他，却有着比面对他还要深切的体验。这是一次心之游，魂之游，情之游。

泰戈尔，真是生如夏花之绚烂，死如秋叶之静美呀。

2016 年 12 月 26 日，忆写于西安不散居

一生寻找

——中国老兵王琪流落印度 50 年

.
.
.

　　我眼前一直晃动着这位中国老兵在印度平原踽踽独行的身影，迭印着他在陌生的街巷寻找、在陌生的河畔寻找、在天际线尽头寻找，那一个个凄楚的画面。几天、几百天，几年、几十年，这永远不知道会不会有结果的寻找！希望就这样冻结着，命运就这样悬浮着，心灵就这样撕裂着，好不叫人心酸！

　　在印度我们看到了经济社会的飞速发展，也看到了贫富分化的种种景象。印度近年经济增速一直在世界前列，2016 年更以 7 个多百分点位居世界各国经济增长速度的第一位，这使全国上下为之振奋。但印度许多人依然没有完全摆脱贫穷，也还能看到小孩、妇女，甚至老年人在要饭。在圣城瓦拉纳西的恒河码头，我遇见过有着一部大白胡子的老人，穿着饰有金色丝线的大红袍，端坐在通向恒河渡口的小路边，庄重有如圣徒或信士。他并不开口乞讨，只是用目光注视着你，希望点燃你内心深处的慈悲之火。由于宗教信仰的缘故，他的内心似乎倒还安宁，我却能感觉到一种生命进入老境之后的凄苦。

　　这位有尊严的老者让我突然想起一个人和一个故事。是一位

50 年前王琪参加中国
人民解放军时的照片

陕西咸阳的朋友王飞鹏讲述的，发生在他家乡的一个真实故事。这是三个月之前，他听说我要随万里行车队去印度，专门给我讲述的。

王飞鹏的叔叔叫王琪，20世纪60年代初在西安上中专时参的军，54年前，成为中国人民解放军测绘部队的一名战士，开赴西藏喜马拉雅山区中印边界戍边，其时中印自卫反击战刚刚结束，他们的任务是在战后重新勘测标定边界。1963年元旦的一个休假日，王琪收读了一封家书，之后去营房附近的林子里散步，不料在边界地区走失，从此杳无音讯。几十年中，亲人们想尽一切办法都打听不到他的下落。父亲唉声叹气，母亲以泪洗面，他的老班长因为他的走失而反复检查，从此断了提干之路，而后复员回了家乡……

历史一页一页翻过，老一代先后逝去，乡亲的思念固然从未剪断，却在岁月的淹留中日益淡化，故事好像就应该如此这般渐行渐远了。

不料十来年前，故事的主角竟然在时光隧道的深处，重又大声呼唤我们。有关外事部门给王琪家乡陕西咸阳市乾县薛录镇来了一封信，说有位叫王琪的原中国人民解放军工程兵部队的测绘战士，几十年中一直流落在印度，多次写信并联系中国驻印大使馆，希望能够返国归家。外事部门要家乡政府和亲属确认此人身份，确认赡养责任，以便办理相关手续。这封来信轰动了全村。王琪的侄子受全家之托，参加旅游团先行去印度面见自己叔叔。侄子来到了印度，辗转联系上了流散 50 年的王琪。

此时的王琪年逾古稀，衰老贫寒、衣衫褴褛，被门卫挡在了旅游团住的星级宾馆门外，侄儿只好领他去商店，从头到脚换上新衣，叔侄两才得以进宾馆畅谈。王琪的中国话还是一口陕西关中的乡音，只是时不时夹杂着一些莫名其妙的印度语汇。他磕磕绊绊讲述了自己四五十年的命运，这是一个人大半生的血泪史。他说那天放假出营房到林子里转转，不料由于高原反应身感不适而迷失了方向，慌乱中在雪地里朝中国方向乱走乱爬。后来却被路过的印度红十字会救援车带走，交给了印度军方。印军则以"间谍罪"将他关进了监狱。由于中印关系在过去一个很长的时期一直有点疙疙瘩瘩，他在战俘营和监狱中辗转多年。40 多岁了才被放出来，安排在离首都新德里一千多公里以外印度中部的一处穷乡僻壤，孤苦伶仃的王琪从此流落于异国的底层社会。

这个流浪者可不是电影《流浪者》里我们看到的那个多情而又英俊的拉兹。他是一个来历不明、身份不明的外国人，一个身无分文的贱民，开始只能沿街乞讨为生，后来才找到了谋生之路。他和一位印度妇女组成了家庭，先后有了两男两女四个孩子。半个世纪中，尤其是中国改革开放这些年，他不停找印度政府申诉自己的情况，据说光递交的申诉、请求、情况说明以及各种资料竟达数万件！同时也多次向中国使馆和相关机构反映自己想回中国的愿望。他的回乡之心该有多么急切！大使馆和领事馆积极帮助他联系，并且定期发给他一些生活补贴。

王琪是在执着地寻找故土，寻找家园，更是在执着地寻找一种世代习惯了的生存方式，寻找精神故土……

在咸阳朋友的讲述中，我眼前一直晃动着这位中国老兵在印度平原踽踽独行的身影，迭印着他一生不息寻找的凄楚画面。在陌生的街巷寻找，在陌生的河畔寻找，在陌生的山林中寻找，在

天际线尽头寻找，几天、几百天，几年、几十年，永远不知道会不会有结果的寻找，知道不会有结果也要坚持下去的寻找！希望就这样冻结着，命运就这样悬浮着，心灵就这样撕裂着，好不叫人心酸！

近十年前，他开始给家人通信。我后来看到了一封信的微信照片，信上写道："敬爱的母亲大人，亲爱的兄弟姐妹，你们都很好！几十年过去了，我得到了机会给你们写信告诉我的情况。我是很好的，我也结了个爱人，已经两个男孩两个女孩，他们都很快乐，在学校去（住）。我做生意养活家。我很是痛苦得不到你们的消息，你们也同样的痛苦我到那（哪）里去了，是死，是活……"

其实他母亲 2006 年已经过世，老人将对儿子几十年未果的思念带到了九泉之下。

老兵向侄子倾说着这些不堪回首的日月，由于不能流畅的表达，说得断断续续、零零星星。他甚至没有哭泣，也没有大悲大恸。他的心已经被漫长的岁月磨出了茧子！侄子建议他还是早日回来，政府会给一笔补贴，你老两口回到"咱村"，"咱村"的亲戚、乡党肯定会把你们照应得很"窝揠"。你几个娃们愿意回中国愿意留印度都成，咱可以把政府补贴的那笔钱，让他们去闯荡江山呀！他们也可以往来两国，搞经贸合作、文化交流呀。这位离乡几十年的"老陕"，听到"咱村"和"窝揠"两个词儿时，嚎了一声，突然大哭起来。不说一句话，脸深深埋在两只手中，肩膀不停地抽动……

后来，他与 82 岁的哥哥王志远也通上了视屏电话——"唉，我哥也老了！"当年他就是跟着志远哥到省城去上学的、参军的呀。他失联后，每当母亲在苦思苦念中哭诉，志远哥就会自愧自责，暗暗承受着丢失弟弟的责任和痛苦，你说怎能不老呢。

在子侄们帮助下，老兵王琪终于得到了中国护照，而且拿到了关于确认自己身份的文件、证明和有关资料。中国驻印度大使罗照辉也专门来电话慰问了他，表示老人回国和亲人见面的愿望不久肯定能够实现。印度方面表示，由于在印留居了 54 年，他也可以办理印度护照。但他坚定地保留了自己的中国身份。

王琪一家终于与阔别 50 年的兄长、子侄团聚

漫漫的人生长路，紧要处不过几步。偶然的迷路就这样改变了王琪此后几十年的人生，为了那误走的几步，他付出了整整 50 年，整整半世纪，整整一辈子，从此切断了根系，消失了家国，有若浮萍在这个世界漂泊。他再也不能生活在"咱村"，生活在有家人和乡党体温的热炕头热土地上。在被俘的那一刻，老兵王琪的心灵和身体、记忆和现实便被彻底撕裂。他用几十年的寻找，希望能够弥合这种撕裂。半个世纪过去了，他在异域终于有了新的家庭和亲人，开始习惯了异域的生活，旧的伤口刚刚结痂，回国返乡的福音又有可能再一次撕裂他的家庭和命运。他回到祖国和家乡后，会得到了日夜憧憬的温暖，但又不得不再一次抛弃花了几十年时光才习惯的生存方式，再度去适应一种新的活法。又一次地撕裂和寻找，也许将消耗掉王琪所剩不多的余生……

我脑际出现了他第二次寻找的情景，一幅幅画面上叠印着老人在关中平原踽踽独行的身影，在家乡土地上犹豫不定的脚印。重建一个精神家园，重新认可和融入一个国家和民族的生活，何其难也，那不是几年、甚至不是一代人能够完成的。生命允许他再一次找到新的精神平衡与心灵和谐吗？

从我在《思念何时剪断》一文中写到的思念巴库少女的中国学生，到流落印度的中国老兵，甚至到整个族群由中国黄河两岸迁徙到中亚楚河两岸的东干族，这些离乡背井的故事让人久久无言。一滴水怎么会知道洪流将流向何方呢？一片飘零的树叶又怎

○丝路万里行之
重走玄奘之路……

240

能逃脱大风的裹挟呢？2500 年前的春秋战国时代，思想家墨子看见人家染布，白布稀里糊涂被摺进染缸里，出来全成了五颜六色，他哭了，哭无助的白布，哭无助的人生。

不用说什么、写什么了。我望着窗外异国的天空，纤尘不染，蓝得透明，你的目光似乎可以越过喜马拉雅雪峰，越过秦岭而望见秦川，但是迢迢万里，真要抵达实在太难太难，王琪就走了一辈子。脆弱的生命、脆弱的人呐，在这个大千世界上你将怎样保全自己，又将怎样努力行走在自己设定的人生路上呢！

2016 年 11 月 27 日—12 月 10 日，于印度至西安途中

附笔者注释三则：

［笔者注一　2017 年 2 月 7 日］

此文 2016 年 11 月 27 日草于印度旅次，12 月 10 日改定于西安。文章写出 50 天后，2017 年 2 月 1 日的"腾讯新闻"在"观察者网"上发表了《中国老兵被困印度 50 多年回国艰难，曾蹲 7 年监狱》的新闻，报道的正是陕西咸阳人王琪的事，并配有多幅图片。这则新闻头一两天的点击率便超过百万，热评也有上万条。

2 月 7 日，新华社也发了关于王琪流落印度 54 载的报道。

现将新华社报道附后，以资印证——

"所以如此焦急渴望回国，是想在有生之年重回家乡，在母亲的坟前上一炷香，"流落印度 54 年之久、已年近 80 的中国老兵王琪日前动情地对记者吐露心声。

王琪的故事要从 54 年前说起。那是 1963 年的元旦，王琪作为一名中国工程兵在中印边界地区的树林中迷了路。两天后，经过的印度红十字会救援车将他带走并交给了印度军方，军方则以

"间谍罪"将他关在监狱里达7年之久。

从监狱出来之后，王琪被印度方面安排到中央邦一个偏僻的农村生活。其后，他与一名当地女子成婚，两人育有4名子女。这期间，尽管工作生活步入常态，王琪却时刻思念着千里之外的祖国和亲人，从未放弃返回中国的想法。几十年来，他给印度中央和地方政府寄去数万封信件寻求帮助，但信件都石沉大海，迟迟没有收到答复。

2012年，王琪向中国驻印度使馆求助。使馆方面十分重视老先生的情况。由于时隔多年，王琪已无法提供任何身份证明，使馆迅速与国内相关部门和亲属核实并确认他的身份。2013年5月，王琪终于拿到了自己的中国护照，激动万分。为了帮助老先生回国，中国驻印度使馆一直保持与印度政府沟通，为王琪争取出境许可。中国驻印度大使罗照辉专门就此事与印度外交部高级官员联系，要求印方本着人道主义精神，尽快为王琪颁发出境许可，满足老人重回故里的愿望。

本月4日，罗照辉大使与王琪通电话时表示，"这么多年你流落异国他乡，受了很多苦，很不容易。我代表中国政府和中国大使馆向你表示敬意和慰问。"王琪回应说，感谢罗大使的关心慰问，感谢祖国和中国使馆的关怀。

几年前母亲去世时未能回国，王琪一直心存遗憾，一定要回国看看健在的亲人。由于年纪渐老，他的回国之心一日比一日迫切。如果可以，他希望能够带着在印度的妻子儿女回归故土，并在家乡安享晚年。王琪的家人也表示支持他回国的愿望，并希望和他一同去中国。他的妻子对新华社记者说，是命运将两人绑在了一起。将来不管他走到哪里，她一定陪伴在他身旁。尽管回国之路如此艰难，她也会一直支持他。

念念不忘，必有回响。王琪回国一事已收到印方回应，印度外交部发言人本月4日表态称，将尽快与印度内政部就王琪回国

一事磋商并拿出统一的意见。

虽然回家的道路依旧困难重重，但相信在各方的推动下，在尊重王琪本人和家属意愿的前提下，这位中国老兵一定能够尽早实现回国的愿望。（据新华社）

［笔者注二　2017 年 2 月 12 日］

几天之后，2017 年 2 月 11 日，即农历元月十五，鸡年的元宵节，事态出乎意料竟有了急剧的好转。中国外交部发言人在新闻发布会上向中外记者欣喜宣布，经过中印双方共同努力，王琪老人将于 2 月 10 日回到阔别半个世纪的家乡。陪伴老人回乡的还有儿子、女儿、儿媳及孙女。

亲友和战友近百人在北京和西安机场迎候。部队老排长从几百里外赶来，老同学带着当年合影的照片赶来，儿时玩伴喊着他的小名热泪相拥。老人甫下飞机，乡亲们就端上了热腾腾的元宵。在咸阳的第一顿饭，老人一连吃了 7 碗家乡的浇汤面。王琪老人将在咸阳稍事休息，检查身体，再回乾县薛录镇，与乡党们团聚，并祭拜祖坟。农历元宵节是中国的团圆节，在这一天与亲人团聚有着特别的意义。

"中国老兵王琪离散半个世纪返归故国家园"，一时成为国内外的热点新闻，中外记者近百人跟踪报道，世界各大通讯社都发了消息，在中国，在陕西，王琪的故事更是不胫而走，被街谈巷议久久聚焦。

[笔者注三　2017 年 2 月 16 日]

事情又过去了好几天，在微信和微博群中，关于王琪的事出现了一些新的声音，笔者在这里有责任录以示人，并说出自己的看法，以与读者交流。

在大家为王琪的遭遇唏嘘不已的时候，有些媒体，主要是网媒，出现了两种倾向。开始是自觉不自觉地将王琪的经历当作英雄故事来写，在读者中造成拔高王琪的错觉；后来又有意无意地对他当年离队的原因刨根问底，又给大家造成了贬损王琪的错觉。为什么我们的思维总是停留在非黑即白、不是英雄便是"狗熊"的形而上学状态呢？为什么我们总是以"政治上是否站得住"来判断一切呢？为什么我们不能怀着人性的善意去接受一个人平凡而普通的老人形象呢？

我主张大家将王琪定格在他给予我们的第一印象上：这是一位没有发现什么英雄事迹，却也没有发现对祖国有什么劣迹的普通战士。他流落异域几十年，受尽人世磨难，却始终忠诚祖国，思念故土，终于得以与亲人团聚。我们同情他的不幸，祝福他的归国，高兴他从此可以安度晚年，这就足够了。这是无数普通人对一个普通人的人性和人道感情，不是足够美好的吗？对这样一位无辜的受难者，国家和民众能竭尽关怀和救助，正反映了国力的强大、社会文明水平的提升，也反映了人心的善良、风气的淳美。为什么非要将某种价值判断推向极致，非要撕裂不同意见而后快呢？

○丝路万里行之
重走玄奘之路……

244

"不走出中国难体会中国的好"

．
．
．

　　70 余天的"玄奘之旅"终于结束,回到国内,记者问此行感受,我脱口而出:"不走出中国难体会中国的好,不走向世界哪晓得世界的小,走进了丝路才知道丝路千年情未了!"

　　"一带一路",这是我们向当下世界提供的最新的"中国方案"和"中国读本",这是我们向当下世界提供的最大的"好"!

丝路云谭 ▶▷

　　2016 年 9 月 28 日,由 30 多名学者、专家教授、记者和医师组成的"丝绸之路万里行"队伍,从西安出发,途经七个国家、历时两个多月,行驶 18000 公里,最终到达目的地印度加尔各答,由文化学者、陕西卫视等丝路联盟卫视成员共同组成的团队,穿越了 30 多个丝路名城。

　　我是这次重走丝路队伍中的年龄最长者,再次踏上古丝绸之路,我用自己的脚步和视角沿着玄奘之路,探索"一带一路"战略下丝路各国文化经贸全景,以一个文化学者的丝路情怀思考着古丝绸之路上的人文精神。

沿"玄奘之路"走"丝路"

　　此次丝路万里行定位为大型文化经贸交流全媒体活动。不同的是，这次是以"重走玄奘之路"为基本走向，从古城西安出发经甘、青、新由南疆吐尔尕特口岸出境，穿行吉尔吉斯斯坦、乌兹别克斯坦、哈萨克斯坦、阿塞拜疆、伊朗、巴基斯坦、印度等国家和地区，最终抵达目的地玄奘取经的那烂陀寺，再由印度加尔各答返回西安。除了以媒体行动响应文化"走出去"的国家战略之外，在过去的两个多月的行程中，这支学者媒体团还用新闻资讯、访谈节目、互动直播等多样态的传播手法沿途传播中国文化，讲好中国故事，并分别在伊朗德黑兰、西安友好城市——伊斯法罕，吉尔吉斯斯坦奥什市、哈萨克斯坦阿克套市、阿塞拜疆巴库市、印度加尔各答市和释迦牟尼讲经的竹林精舍等多处成功举办文化经贸论坛。以实际行动传递"丝路精神"内核，多角度聚焦"一带一路"建设。

勇士域外勇闯危险地带

丝路是一条和平之路，但是这并不意味着丝路上就没有危险与苦难。谈起这次重走丝路最难忘的经历，我想起最多的就是"丝绸之路万里行"在行走过程中，发生的一件件让人动容的事情。

在伊朗由德黑兰—伊斯法罕—设拉子一路南行的七八天中，下一站巴基斯坦的安全形势一直牵动着大家的神经。因为当地局势不稳定，使馆负责人几次建议他们不要走原定路线，那里是冲突多发地段。但改变路线难度又很大，人与车全体坐船去卡拉奇需十多天，时间太长，会影响万里行活动下一步在印度的安排。全体飞往巴基斯坦首都伊斯兰堡吧，但有 10 名记者由于行驶证上登记着他们的名字，人车不能分离，否则车队无法进入口岸。这难为住了大家。

11 月 4 日，丝绸之路万里行第 39 天。晚餐后在设拉子宾馆餐厅召开第二次全体会议，经过反复研究，多方判断，为了大家的安全，决定兵分两路向巴基斯坦进发，媒体团主体结束伊朗行程，

走完 18000 公里——
"丝绸之路万里行·重走玄奘之路"，从印度飞回西安机场，接受媒体采访

一天之内乘车跋涉 1000 多公里返回德黑兰，再乘机飞抵伊斯兰堡。另外十名有车辆登记证的勇士驾驶采访车行驶 700 公里，抵达伊朗古城巴姆。随后将继续行进到伊巴边境的扎黑丹，随同车辆出境，穿越危险区域。方案公布后，鉴于此次任务的危险性较大所以十名穿越司机可以根据自己的情况表态去留。但是十个同志没有一人表示退缩，都说："走，就这样走。"

几十天的朝夕相处、风餐露宿，早已将大家凝聚成了一家人一条心。分离时不少人难过地流下了眼泪，大家知道这十名勇士将面临怎样的危险境地，但他们没有退缩，他们用自己的勇气克服危险，去迎接挑战。

我们中国人，一个个看起来很平凡，但是合成一个群体力量就会很强大。我们中国人，居家过日子看起来不起眼，但是在一种特殊的环境下，在一个特殊的时刻，就会闪出耀眼的光彩。这就是我们，一个由平平凡凡的人组成的群体，在域外用自己点滴的行为展示出自己和自己祖国的高大。"

古丝路上的千年情未了

这次再度踏上丝绸之路，我最大的感受是不走出中国不知道中国的好，因为只有当你走出了中国才能理解我们祖国的富强。不走向世界不知道世界的小，因为在丝路上不管在哪个国家哪个地方都能看到我们中国人、中国企业和中国产品，中国曾经深深影响了丝路，现在依然深深影响着丝路。不走进丝路不知道丝路上的千年情未了，因为只有当你真正走近丝路，自己才能亲身感知到由它联结起来的各国千年不渝的友情。在伊朗，你能看到中国明代的瓷器；在吉尔吉斯斯坦，有玄奘留下的足迹和记转文字；吉尔吉斯斯坦的托克马克，也就是唐代的碎叶城，这里是李白的出生地，那里的人们至今仍然在纪念这位伟大的诗人。这一路，沿途到处都能看到丝路历史的中国回音，而所到之地，不管是国家通讯社、普通民众，都表现出对我们中国人的热情，在巴基斯坦，当地政府更是要派出部队来保护我们的安全。丝路上的朋友说："中国人对我们意味着诚实、亲和与负责。"这句话让我非常感动。

这些亲历的感受让我们对"一带一路"战略产生了很强的信心。"新丝路的经济战略作用，既能够让中国经济走向世界的成本大降，速度大提；同时也能够把中国西部更好地推向世界。"从文化角度来看，丝绸之路既是世界文化遗产的密集带，世界古文明交汇的动力带，同时也是当代文明交汇的闪光带。丝绸之路有利于提升沿线各国的经济实力，目前中国倡导的重振丝绸之路经济带政策，将促使丝绸之路在新时期成为一条经济共赢之路。